发生在学校里的故事　王　洁　倪闽景◎总主编

如何了解你的学生

岳亚军◎主编

U0913791

辽宁教育出版社

序 一

置身工作场境的专业品格

近一二十年来，我国教师的工作场境出现了前所未见的变更。一方面是新一轮的课程教材改革；另一方面是教师专业化的时代诉求。如今，用“一分为二”的观点看过往：教材方面，既创意突出，但问题也已浮出水面；教师方面，名优者已露头角，但方法缺失的教师随处可见。如果做一个简单“混搭”，就有四种情形：第一是名优教师教有创意的教材，那是理想状态；第二是名优教师教有问题的教材，教师有能力调整、修补，问题不算大；第三是方法缺失的教师教有创意的教材，只能照猫画虎走形式，费时费力不得要领；第四种最可怕，就是方法缺失的教师教有问题的教材，那就会差之毫厘、失之千里，误人子弟。据考量，后两种情况比预想要多出许多。在这里两方面的变革，四端聚首，足见教师专业化的重要性，而对教师工作的指导则显得尤为紧迫。

“教师”不仅是个专业。早在1996年，H·西蒙就认为，专业与科学不同，科学关注自然现象“是怎样的”；专业关注的重点是人造之物“应该怎样”，比如建筑师、医生、律师与教师等，他们总是通过不断的设计与改进，找到最好的办法实现其特定的目标。因此，专业工作者应该更多地学会在工作场境中历练，在历练中走向成熟。到了2004年左右，有西方学者甚至提出，学科教育是一门设计科学，建筑师留下的不是理论而是房子。那么，教师留下的该是什么呢？是归纳出自己的理论？很可惜，理论与个人实践之间还是一道很难跨越的鸿沟。是提升课堂设计的核心技术？事实上，教师工作注目于此的迹象却少之又少。

教师专业成长由此成为令人十分困惑的问题。本丛书作者邀我作序时，也都坦诚地表达了原先的这种纠结。于是作者转换了角色，不是站在教师之上指手画脚，而是设身处地于教师之中反求诸已，就像自己正在做教师一样思考这个问题。教师工作究竟是为了什么？当一个孩子面临学习上的困难，他最需要什么？教师能感觉到这种需要吗？教师用什么态度去对待？面对快速增长的知识，教师如何弥补学科知识的不足？教学过程蕴藏着无数研究的切入点，教师们如何开展有效的研究？教学活动是很个性化的，如何向同伴学习，从中汲取丰富的养料？教师怎样从烦琐的教学工作中寻找突破点，发展自己的学科教学知识，成为学科专家，进而成为学科教学领导？把这些问题贯通起来，初步形成了整套书的框架：了解学生、钻研学科、教学研究、同伴互助与学科领导等五个部分。当然，这是投身于当前教改场境的实践者逻辑。其实，本套书作者的纠结还不止于此，更感纳闷的还有：如何对教师自身发展的需求给出有益的建议（动力问题）？如何对教师的进步给出有依据的判断（评价问题）？如何对教师的经验与创造经过整合破解其中的密码（学理问题）？无数事实表明，实践往往先行，理论上一时难以解决的问题，可能会从实际工作中找到答案，实践是理论的故乡。在学历与事例两者之间，本套书似乎仅仅侧重于后者。

20世纪末期，随着对当年学院式教师培训效能的致命抨击，国际教师教育渐渐呈现草根化、制度化以及与教师待遇挂钩的时代走向。至于教师在职学习的草根化，所倡导的要点也渐趋明白，依我所见至少有三条。第一，工作立场决定学习需求。立足点决定内在需求，这几乎成了一条铁律。当了教师，站在三种不同的立场，有三个不同层次的需求。开始是自我生存，然后是致力于职业进步，最后是一切为了学生的发展。这是教师学习的动力之源。再进一步，立场还决定观察教学现象的角度和预判问题的思路，就教学而言，20世纪有传统派和现代派之争，延续至今另有中国和境外的区别，还有时尚和正宗、求变和守常等，都有立足点的底色。立场不同，需求的内容、方式各异。越是扎根教师实际的内在需求，在职学习的热情与持久力就愈益强劲。第二，真实案例催生鲜活经验。教师学习与理论工作者不同，教师的学习常常是基于案例经验的学习与领悟，从而发表意见，悟出独有的知识，形成工作的智慧。从职初教师到有经验的教师，主要是接纳和体验真实案例，选择和积聚多种经验，案例愈多经验愈丰富，该阶段属于案例的描述和积累水平。从有经验教师到专业化教师，主要是对多种案例经验的解读和组合，说出道道，形成合理的结构，该阶段属于案例经验的解释与重组水平。越是扎根教师的鲜活经验，在职学习的兴趣与实效性便愈益显著。第三，行动反思成就专业教师。教师在职学习必须关注自我特点、同行知能和学生是否真有收获，其中有先后两个反思支架，先是在自我与同行之间寻找差别，更新知识、设计任务；后是在设想与实行之间展开磨合，适应学生、改进教学。教师反思自有独特的要领——主要是在教学行动中的反思。越是扎根教师工作的行动反思，在职学习的理性深度与成就感便愈益快速凸显。《发生在学校里的故事》这套丛书，基本体现了上述三条，这三条或可称为场境学习的三定则：立场决定需求，案例催生经验，行动促进反思。

总而言之，教师专业成长事关重大，教师工作指导迫在眉睫。本套书作者作为研究人员，转换角色置身于教师工作场境之中，在平等交往中不失引领，这样的姿态是值得称颂的。这样写书，处处贴近教师，我想应是很好的开端。期待今后再多出几本从教师自身出发的指导书，甚至鼓励一线教师参与撰写，例如《如何做课例研究》，可在众多“视频案例”的基础上，像建筑师营造房子那样用心制作课例，由教师与研究者亲密合作，研究者出方法，一线教师有眼力，而好的视频常常是眼力的延伸。这只是以例说事，想讲的道理还是那句要注重“置身工作场境”的纯真的专业品格。

顾泠沅

2013 年盛夏

序 二

还有多少思想可以去解放

目前，教师培训有两个不好的情况，一是越优秀的教师得到质量越高的培训，而最需要培训的普通教师却得不到培训或者只能得到质量很差的培训；二是越来越多的教师培训是到大学去，到国外去，到离学生很远的地方去。但从许多优秀教师的成长经历来看，教师专业成长最好的方法恰恰是以校为本，在最贴近学生、最贴近课堂的地方，用同伴互助、实践反思、课堂观摩、教研分享等方式来提升教育教学水平。以校为本的培训就是以学校为单位，教师相互学习、自我修炼的学习方式，其基本特点是教师在日常教学实践中用研究的办法解决自身教学中的问题，获得提升。本套书立足学校实践，希望用案例的方式提供校本培训的一些做法，剖析期间可能碰到的问题，从不同侧面来呈现校本培训中的路径和方法。

社会在快速变化，知识爆炸式增长，新技术层出不穷，我们的基础教育在巨变的社会中艰难前行。中国基础教育经过改革开放三十多年的高速发展，已经逐渐演变成一场规模浩大、竞争惨烈的考试教育，很多教师在滚滚转动的巨大的应试车轮惯性中，被那些呆滞的思想完全束缚，填鸭式的灌输、机械粗暴的教学方式屡屡可见。我们的教育已经到了改变的关节点上。在教育转型的转折点上，必需反思教育的目的是什么。近百年前英国教育家怀海特曾经说过："我们的目标是，要塑造既有广泛的文化修养又在某个特殊方面有专业知识的人才，他们的专业知识可以给他们进步、腾飞奠定基础，而他们所具有的广泛的文化，使他们如哲学般深邃，又如艺术般高雅。"显然，教育的目标也应如此，但在具体教育教学过程中，教师的行为往往会偏离这个目标，教育问题因此而生。

当今社会是一个专业的社会，教师职业也越来越专业化，因为教育是教孩子们运用知识的艺术，但是作为学习者的学生们也在发生深刻的变化，教师的专业成长由此成为教师非常困惑的大问题。因此本套书试图努力地在教师真实问题产生后，从校本的角度，为教师专业成长提供有方向、有方法和有发展的案例，为教师释疑解惑，为学校提供借鉴。但是，作为作者，在写这套书的时候最痛苦的事情来源于三个方面。

一是我们始终无法对教师自身发展的动力问题给出有益的建议。我们很清楚，要成为一个学科专家或学科领导，教师的自身动力是一个首要条件。但是教师发展动力问题也许是一个世界难题，我们可以找到很多很多正面的例子，可是仍无法破译其中的规律性东西。不过，有个发现与此事相关，就是优秀的教师都会从教育的过程中体验到强烈的成就感和幸福感。这一点让我们猜想，是否教师的动力来源于自我肯定，来源于对细微教育成就的敏感。从这个角度看，一方面让我们坚信立足校本的重要性，另一方面也让我们不得不建议每位教师，既然已经做了教师，如果要快乐，就努力去做个好教师吧，因为做好教师的快乐要远远超过一般教师。这是多么美妙的一件事情，作为一个教师，越研究学科、研究学生、研究教学，就越能成为一个学科专家或学科领导，同时越能体会到作为一个教师强烈的幸福感。

二是我们始终无法给出一个明确的判断，怎样的教师算是成功了。教师的成功有什么判断依据？用自我评判的方法吗？有些教师做得一塌糊涂，但竟然会自以为非常优秀；有些教师已经非常优秀，但依然觉得自身充满了不足。那用是否评上特级教师、或用获得荣誉的多少来评判吗？可是如果用这个标准来评判的话，大多数教师就永远无法成功了，因为毕竟特级教师和获得荣誉的教师是少数。那用是否担任行政职务，是否做了校长来评判教师的成功吗？那就更不对了，有很多非常优秀的教师，一直没有半点官职，但却在学科领域得到极大的尊重。虽然最后我们还是没有找到教师成功与否的评判标准，可是有一个角度也许可以提供大家考虑，那就是，教师的成功与否可能与教师有没有丰富的思想有关。成功的教师几乎都拥有非常独特的教育思想，他们沉浸在自己的学科天地里，沉浸在学生中间，思考这，思考那，有的时候还会激动于自己的发现，并通过各种方式把自己的发现与大家分享。成功的教师会在平时进行大量的阅读和主动反思，会与同伴在交流切磋中互相激励、互相认同，会和学生在朝夕相处中享受创造、赢得尊重。

三是我们始终无法把教师各种各样有趣的创新汇集在一起，破解教师课堂创新的密码。在接触过许多优秀教师后，我们发现教师的创新令我们惊叹，尤其是在教学过程中，教师的创造力更是让人着迷。有的用幽默的语言，有的用新奇的情景，有的用流畅的方法，有的用智慧的设计……可以说每一个学校的每一天，每一节课，这种创新随时都在发生。那么，这种创新有什么基本特点？有什么基本方法？最终我们的结论是，课堂教学的教师创新根本没有规律可循，也许正是因为没有规律，才称得上创新，也许正是因为没有规律，才为教师的课堂创新提供了无限的可能。教师的学科教学知识，是一种实践型知识，是一种在课堂中与学生互动产生的智慧，正是因为这种创新，才使优秀教师深深迷恋自己的学科，迷恋学科教学，并从中得到乐趣和新的创新点，这也是校本培训的效果远远大于其他培训方式的重要原因。

怎样去理解作为学习者的学生，怎样成为一名学科专家，怎样在研究中改进教学，怎样向同伴学习教学，怎样学做学科领导，这套书中罗列了很多方法和案例。但是还有多少教育思想可以去解放，还有多少教育禁区可以去突破，还有多少教育问题需要去思考，这就是现在基础教育最现实最真实的命题，本套书的写作目的不是要教师们按照书中写的方法按图索骥，恰恰相反，而是要让教师打破传统的惯性思考，发挥其无限的想象力。

教育需要新鲜的思想，这是教育最根本的力量。

王　洁　倪闽景

序

教育方式与生命形态

我是一名教师，一名已经从事教育工作30年的老教师。身为人师，我知道做教师的不容易。做教师其实是非常辛苦的，它来自学生考试成绩的压力，来自家长对孩子的期望，来自社会对优质教育的期盼，来自领导和同行的评价。有人说教师的工作是很舒服的，每年有寒暑假，这实在是一种误解。教师的工作质量，不是以时间来衡量的，教师的工作压力除了教育任务的压力，更是一种帮助孩子成长的精神压力。

我觉得做教师是幸福的。教师的幸福在于：我能在我的课堂上让学生感受到学习的愉快，让走向高一级学校或走上社会的学生对我回望，让我教授过的学生在各个领域所取得成功。

我还是一个孩子的父亲，我儿子大学毕业参加工作了。身为人父，我知道做家长更不容易，特别是人到中年，希望父辈们有一个健康的身体，有一个幸福的晚年，希望孩子辈们有一个理想的工作，有一个充满希望的前程。这种现实生活的压力，肩挑两头的负担，使得他们更辛苦。

无论是教师身份，还是家长身份，我一直在追求：让教育激扬孩子的生命；我一直在思考：教育如何能激扬学生的生命。

我们的生命形态有三种：一是自然生命；二是精神生命；三是社会生命。当自然生命从诞生的那一刻起，无论是家庭、学校还是社会，都得肩负起教育的责任，让每一个鲜活的个体生命发展好，张扬好。

每一个生命都是独特的：植物界没有相同的两片树叶，生活里也不会有完全相同的两个生命。不同的教育方式必然造就不同的生命形态。

医生和教师是不同的：我们期待医生优秀，优秀的医生可以妙手回春，因为医生拯救的是人的肉体生命。我们期待老师优秀，因为教师唤醒的是人的精神生命。教师是孩子生命成长的帮助者和促进者。教育的终极目标，是让生物学层面的个体生命真正转化为文化层面上独立的、有尊严的价值主体，即成为大写的人。我们期待用最佳的教育方式实现学生最好的生命发展。

岳亚军

2013 年 7 月 23 日

目录

Contents

著名雕塑家罗丹曾经说过，“所谓大师，就是这样的人：他们用自己的眼睛去看别人见过的东西，在别人司空见惯的东西上能够发现出美来。”在日常的课堂教学中，我们能有这样的眼睛吗？

鲁迅说，其实地上本没有路，走的人多了，也便成了路。当教育者抖落迷花双眼的粉笔灰，踏上家访的陌路起点，教育者便将踩出一条路。不过，这条路注定是漫长的，注定是一段苦旅。行者问：“远方有多远，请你告诉我！”苦行僧看向路的尽头：远方就在前方。

科学技术是第一生产力！被技术已悄然改变的教育已经呈现在我们面前，注入我们传统的师生交往，新一轮教育信息化的浪潮已随着硬件的高速革新和软件的高度智能无法抗拒地推到了我们面前。作为教育人应该如何面对？围观？等待？抵制？显然这都是会被浪潮击垮的下下之策。当数字难民和数字移民的教师遇到原住民的学生，身为教师你是如何"破茧"、如何借助新技术的力量去了解学生、走进更加立体和真实的学生？

家庭治疗大师亚历山大·鲁宏说："人的成长就像树的年轮，是一圈一圈地生长出去的，婴儿的一圈，代表着爱和享受；孩童的一圈，代表着嬉戏与玩耍；少年的一圈，代表着创造与幻想；青年的一圈，代表的是情爱及探索，成人的一圈，则象征着现实与责任，一个完整的人（发展健全的人格），是具备

第一章

理解教育本质，走进学生心灵

教育不只是升学的数字，教学不只是知识的传递，教师的职业也不只是一种谋生的饭碗，学生的学业更不是依据分数排列的名次，因为教育是一种特殊的实践活动，它的对象是学生，是一个个充满活力且各具个性的生命体，教育的目标是人的健康和幸福成长。要实现这一教育目标，从内容上来说，就要以智慧培育智慧，以心灵滋养心灵，从方法上来说，就要充分认识孩子的成长规律，要走进学生的丰富多彩的心灵世界，通过组织开展各类活动去发现孩子的兴趣爱好和特长，通过日常行为方式的观察来洞悉孩子行为的心理动因，通过课堂学习状态和行为的考量来探讨孩子的认知方式和思维特征等。本章主要从教育本质的角度阐述了解学生的重要性和必要性。

孩子的城堡

赤日炎炎的海边，咸咸的海风吹拂着起伏的海浪，腥腥的浪花戏弄着如织的游人……

一个小男孩跪在沙滩上，挥动着塑料铲，挖起沙子装进一个红色的塑料桶里，压实。然后他将桶倒扣，再将桶提起。就这样，一座城堡的塔楼便垒成了，小建筑师快乐无比。

好像整个沙滩都是他的，整整一个下午他都专注地忙活：他挖出城壕，垒起城墙，用瓶盖当卫兵，以冰棒棍儿作吊桥……他在建造自己心中的城堡。

我并没有在意游人的逐渐离去，也没有注意到太阳的西沉，只觉得海风比先前猛烈了许多，炎热逐渐被凉爽所取代。突然间，一个巨浪打来，聪明的小孩一个鱼跃翻滚，逃过海浪的拍打，转身发现，自己苦心孤诣建造了一个下午的城堡则在瞬间“灰飞烟灭”，卫兵被卷进海里，吊桥在海上漂浮，城堡已经成为平地。看小孩，没有忧伤，没有恐惧，没有懊悔，反而拍手雀跃，笑着拾取工具，拉着父亲的手回家去了。

我忘记了和同伴集中的时间，急切的同伴不知发生了什么事，更担心在这海边不要出点什么事，组成了寻找小分队开始了紧急大搜救。当我的同伴找到我的时候，我依然在那里出神——作为教师，我们了解孩子吗？

回到车上，脑海中闪过沈从文先生写过的文字：我幼小时较美丽的生活，大部分都与水不能分离（他经常偷偷下河洗澡），我认识美，学会思索，水对我有极大的关系。我一面被处罚跪在房中的一隅，一面便记着各种事情，想象恰如生了翅膀，凭经验飞到各样动人事物上去……想到河中的鱼被钓起离水以后拔刺的情形，想到天上飞满风筝的情形，想到空中歌呼的黄鹂，想到树木上累累的果实……

生活中充满了疑问，都得我自己去寻找解答。我要知道的太多，有时有点发愁。就为的是白日里太野，各处去看，各处去听，还各处去嗅闻，死蛇的气味，腐草的气味，屠户身上的气味……若把一本好书同这种好地方尽我拣选一种，直到如今，我还觉得不必要看这本弄虚作假千篇一律用文字写成的小书，却应当去读那本色香俱备内容充实的用人事写成的大书。我不了解家中为什么只要我读书，不让我玩。

从沈从文先生的文字里，我似乎找到了孩子专心垒建城堡的意义和价值。

儿童生活中激发的各种疑问会成为他们深入探究的动机，不管教育对之采取什么态度，他们总是带着疑问和动机接受教育。

儿童生活中形成的认知、情感、意志上的特征会必然地影响到儿童在教育中的认知、情感、态度特征。

儿童在生活中的各种情趣会成为儿童对教育认识的参照标准，进而对教育产生好恶倾向。

儿童在他们的生活中积极主动地发掘出真善美的内容，并自然地成为教育的基础。

教育总是在上述的基础上展开，问题在于无论是我们的家庭教育，还是学校教育，根本没有意识到并善于利用这些基础加以引导，促进和帮助孩子得到最好的发展。

坏袋鼠

美国的一位作家阿诺尔德劳·伯尔写了这样一个故事：

有只小袋鼠是学校里最坏的一个学生。他常常把图钉放在老师的椅子上，将吐有唾沫的小纸团在教室里扔来扔去，在厕所里放鞭炮，还把胶水放在门把手上。

“你的行为简直不像话，”校长气愤地说，“我要到你父母那里去告你的状。你是一个多么调皮的孩子。”

校长来到了袋鼠家，袋鼠先生客气地给他让座。

“哎哟，”校长刚坐下去就跳了起来，“椅子上有个图钉！”

“对，我知道那儿是有个图钉。我就是喜欢把图钉放在椅子上。”袋鼠先生说。

嗖，一个吐着唾沫的小纸团飞了过来，正好打在校长的鼻子上。

“请您原谅，校长先生，”袋鼠太太说着，走了过来，“我就喜欢扔这东西玩。”

乒乓！一声巨响从洗澡间里传了出来。

“别怕，先生，那响声是我们放在药柜里的鞭炮声。我们就是喜欢听这吵吵闹闹的声音。”袋鼠太太对校长说。

校长一听，赶紧起来，开门准备离去。可是他的手被粘在门把手上了。

“用力拉呀，我们家里每个门把手上都有一点儿胶水。”袋鼠太太边示意边说。

校长好不容易把手拉下来，跑出了房间，急匆匆地走了。

“这人真怪。我真不知道他到这儿来干什么，一句话也没说就走了。”袋鼠先生说。

“你别在意，他一定是另有约会。晚饭好了，我们吃饭吧。”袋鼠太太说。

于是袋鼠一家人便高高兴兴地吃着晚饭。饭后，他们就在饭厅里扔起吐有唾沫的小纸团来了。

坏袋鼠的故事给我们的启迪是很多的，父母对一个成长中的孩子行为影响是深远的，因为家长不仅是孩子自然生命的孕育者，更是孩子生命成长的第一个启蒙老师。

成功家庭教育的三个核心要素。

第一，成长中的陪伴。自己的孩子自己带，自己的孩子自己养，自己的孩子自己教育，这是教育孩子最首要的条件。可以这样说，所有孩子成长中的缺失，都是父母在孩子成长中陪伴的缺失造成的。能让孩子成长为优秀的人一定是母亲，反之，孩子成长的失败很多情况下承担责任的是父亲，所以除了一个响亮的名字叫“爸爸”以外，还有一个名字叫“责任”。第二，成长中的帮助。动物世界里，不同的动物帮助孩子成长的方式是不一样的。狮子要幼狮一早就奔跑，羚羊要自己的孩子一早就奔跑，老鹰将自己的孩子赶出鸟巢，他们用各自的方式培养着自己下一代的生存能力。

一位母亲对孩子的帮助是能给我们启迪的：有个孩子对一个问题一直想不通，为什么他的同桌想考第一，一下子就考了第一，而自己想考第一却才考了全班第二十一名？他问过母亲，母亲试图回答他的问题，例如说：“人的智力有差异，也许别人比你聪明。”或用那几句被上千万父母重复了上万次的话：“你太贪玩了；你在学习上还不够勤奋；和别人比起来你还不够努力……”但母亲没说出口。

小学毕业后孩子学习更加刻苦，但仍然没赶上他的同桌，不过和过去相比，他的成绩一直在提高。为了对儿子的进步表示赞赏，她带他去看了一次大海。就在这次旅行中，母亲回答了儿子的问题。

孩子以全校第一名的成绩考取了清华大学。寒假归来，母校请他给同学作报告。其中他讲了小时侯的一段经历：“我和母亲坐在沙滩上，她指着前面对我说，你看那些在海边争食的鸟儿，当海浪打来的时候，小灰雀总能迅速地起飞，它们拍打两三下翅膀就升入了天空；而海鸥总显得非常笨拙，它们从沙滩飞入天空总要很长时间，然而，真正能飞越大海横过大洋的还是它们。”这个报告使很多母亲流下了眼泪，其中包括他的母亲。

第三，成长中的示范

为人的示范。坏袋鼠的故事已经让我们清晰地看到了父母行为的影响，但作为父母更要做好为人的示范。

小明和爸爸妈妈还有爷爷一起生活，但是妈妈和爷爷的关系一直不好，直到有一天，他们又大吵了一次，终于，小明妈妈很生气地骂了爷爷，并且还要赶爷爷走。这时候小明爷爷就盯着小明的爸爸看，可是怕老婆的小明爸爸低下了头，爷爷就这样无奈地向房外走去……

“爸爸，等一等！”小明爸爸喊道，爷爷很开心，以为小明爸爸终于要留下他了，可是小明爸爸却是从房间里拿出了一条毛毯出来说：“爸爸，外面天气冷了，你出去带着这条毛毯保暖吧！”小明爷爷的眼泪都要出来了，但是他还是无奈地往门外走去……

“爷爷，等一等！”小明说着从房间里出来，手里还拿着剪刀，只见小明利索的用剪刀将爷爷手上的毛毯一剪为二。

爸爸马上喝止道：“小明，你干什么？”

“我不干什么，爷爷用这半条毛毯就够了，”小明认真地说道，“还有半条，将来是留下来给你们的！”

我们始终要牢记，无论是行为的示范，还是为人的示范，它对孩子的影响是潜移默化的。

每个孩子的家庭教育背景是不同的，了解家庭教育状况好的孩子的成长背景，有助于学校开展针对性教育。

情感游戏

看到一篇耐人寻味的小小说，它记载了这样一个故事：

中秋节快下班的时候，科长老马的传呼机音乐般响起，老马按了一下，上面赫然跳出如下富有意味的文字：“中秋月圆之时，那颗最亮的星星是我关注你的眼睛。陈小姐。”老马一惊，警觉地朝四周张望一下，偷偷地把传呼机别好。

三天前，老马也收到这位不知是何许人的陈小姐的一则留言，是一句歌词：“我这张旧船票能否登上你的客船。”当时老马以为是传呼台出了差错，并未在意，现在看来，的确有一位陈小姐在暗中注视自己。老马下意识地掸了一下肩上的灰尘，用手梳理一下凌乱的头发，好像确实有一双眼睛在含情脉脉地注视自己。

在接下来的一个多月里，老马每隔一天就会收到这位陈小姐的传呼，有时是一句诗：“匆匆地我走了，正如我匆匆的来，挥一挥衣袖，不带走一片云彩。”有时是一句歌词：“如果云知道，想你的夜慢慢熬，每个思念过一秒，每回哭醒过一秒。”有时干脆来一句直白：“只要你将我抱紧。”

43 岁的老马被这些浪漫的字句撩得春潮涌动，开始翻阅脑海中的记忆，像公安人员破案一般在日记本上列出线索：首先，这位陈小姐一定是一位远在天边、近在眼前的佳人；其次，这位陈小姐一定是羞涩的淑女，不然她不会执着地选择这种浪漫的方式；最后，这位陈小姐一定品位不低，从她打来的传呼可以看出这点。这位陈小姐到底是谁呢？老马在脑海中一遍遍推敲：是中学时代坐在前排老是偷看他作业的同学，还是初恋时卿卿我我的恋人，或是对面办公室刚调来的陈科员？老马找不到答案，却想，如果是陈科员就好了，大家都认为陈科员长得像影星张曼玉。

一天下午 4 点钟，老马的传呼机上终于跳出了老马期待已久的字：“今晚 7 时 30 分在江洲公园门口见面，不见不散。陈小姐。”老马连忙按住胸口，怕一颗激动的心会蹦出来。

从下午 4 点到 5 点，老马似乎走过一个漫长的世纪。他中途看了 18 次表，抽了 10 支香烟，绕办公桌走了几十圈。

老马吃完晚饭，打扮了一番，穿上那套到北京开会买的全毛西装，夹上一只公文包，对妻子说：“我晚上出去办点事，可能要迟点回来。”出了家门，老马见时间尚早，就在路旁的美容店洗了头刮了胡子。

7 点钟，老马快到公园了，这时传呼机又响了，上面有字：“小马，立即来我家，有要事相商。罗局长。”罗局长是老马的顶头上司，据说马上要到厅里任职，正在物色接班人。老马一阵沮丧：好事急事都碰到一起来了！是去江洲公园圆一个浪漫的梦，还是去罗局长探问自己的仕途？老马权衡再三，咬牙切齿地说：去局长家，有权还怕没有其他！

晚上 11 点钟，老马离开罗局长家。走在大街上，他心里一半是欣喜一半是遗憾——欣喜的是下个月他就要当上副局长了，遗憾的是他错过了一次浪漫的良机。

第二天，老马要去上班，和正读高中的女儿一起走出家门。女儿突然对他竖竖大拇指，然后诡秘地递给他一张纸条，一阵风似地跑了。老马纳闷地打开纸条，惊讶而愤怒地看到了如下文字：

爸爸，首先向您道歉，这一个多月来那位所谓陈小姐的传呼是我打的。我们班 5 个很要好的女同学从书上看到有钱有权的男人都有情感危险期，所以决定做一次感情游戏，就是各自对自己的父亲进行一次感情轰炸，然后看答案。现在，我可以骄傲地告诉大家：你是一个好爸爸。昨天晚上，有 3 个同学的爸爸像幽灵一样徘徊在江洲公园。爸爸，请你原谅我。

爱你的女儿并代表妈妈

如果说未涉世的儿童从大自然中获取知识，在过程中体验快乐，形成后续学习经验的话，那么通过一定的知识学习形成了一定的独立思考和分析问题的能力以后的学生，就会透过社会的现象来审视现实的问题。在情感游戏里，我们震撼的并不是人到中年的情感危机，而是作为学生精心设计的游戏情景。如果没有这个游戏，也许我们很难发现现代学生的内心的世界，可是我们的教育呢，和这个游戏相比，显得多么的苍白无力。这个游戏，完全可以成为我们教育者的一面镜子。

“半杯水” 的意义

一位哲人望着桌上的半杯水，陷入了沉思。他想：如果我问来人看到了什么，回答还有半杯水的人生活很乐观，回答空了半杯的便是悲观主义者。人的人生态度从半杯水可知！想到这儿，哲人不免有些自鸣得意。

有个小男孩夹着皮球走了过来，红扑扑的脸上热汗直流。没等哲人问他，小男孩已端起杯子，咕咚咕咚一口气喝完，就拍着皮球去玩了。哲人哭笑不得：到底是孩子，连招呼也不打就喝了。但转念一想，哲人的脸不禁腾地红了。许多事情，我们思考得不是太少，而是太多了，以至迷失本来的意义。喜欢赋予半杯水诸多意义的人，他们往往并不渴；真正懂得水的意义的人，是那些端起杯子一饮而尽的口渴者。

用半杯水来测试人的人生态度，不失为哲人精心设计的杰作，可是哲人苦心孤诣设计的精品没有达到预期的结果，只能哭笑不得。哲人的失败，其自身的感悟是中肯的，“许多事情，我们思考得不是太少，而是太多了，以至迷失本来的意义”。不仅如此，我们还能从中得到更深刻的启迪：哲人在他精心设计的“作品”中，缺失了一样最根本的东西，就是人的主体存在。他以为凡是被测试的对象，都与自己的主观意图相一致，而根本没有考虑主体的需要。马斯洛的需要层次理论建立的基础就是人的主体需要，最美的风景在一个饥肠辘辘的饿汉眼前没有丝毫价值。

反思我们的教育，我们不也和哲人一样，在自鸣得意于自己的教育理念与教育手段前卫的时候同样遭遇着哲人的尴尬！在加强未成年人思想道德建设教育的强音奏响的时候，在对德育的低效甚至无效进行着全方位深层次研究的时候，我们始终找不到德育的“本来的意义”。因为我们总是在自己精心创作的“作品”中，期待学生思想觉悟提高、道德情感升华、人格灵魂净化，结果常常是学生游离于我们精心创作的“作品”主题以外，学生“喝完水”，汗涔涔拿着“皮球”到外面玩耍去了。

教育不应该是成人世界观的强加，而应该是立足现实的引领。它要求我们教育工作者充满天真的童心，用儿童的眼光去看待每一个学生，以“共同遭遇者”的身份走进学生的生活世界，了解他们的生活需求，感受他们的内心世界，只有这样，我们才能找到教育的起点。苏霍姆林斯基在谈到“一个好教师意味着什么”的时候说：“首先意味着他热爱孩子，感到跟孩子交往是一种乐趣，相信每个孩子都能够成为一个好人，善于跟他们交朋友，关心孩子的欢乐和悲伤，了解孩子的心灵，时刻都不忘记自己也曾经是个孩子。”对于儿童来说，他们需要的不是共产主义的远大理想，不是热爱祖国的空洞口号，而是在自然生活中去发现无穷的趣味，品尝发现和践行中过程的乐趣，在快乐游戏中懂得规则并知道遵守规则的重要。

教育应该引导学生知道什么是可以做的、应该做的，什么是不可以也不应该做的，如果能做的事情中遇到一定困难的，应该怎样去克服困难做好它，怎样的习惯才是良好的习惯等方面上。教育的引领不应该是简单的说教，也不应该是让学生在教育工作者精心设计的“作品”加以改造，而应该是在共同遭遇中启发，在情感体验中感悟。让我们来感受一下一个小姑娘的智慧吧。

几个孩子正玩得不亦乐乎，一个小家伙突然摔倒在地上，并立即哇哇大哭起来，哭得呼天抢地。

如果是大人处理这件事，会如何？有可能的招数是：赶快跑过去，抱起来，一边拍身上的尘土，一边念念有词（说什么肯定因人而异），叫孩子不哭；或鼓励，勇敢点，自己爬起来；或拿地出气，说这地真坏，看我揍它……效果怎样尽管猜。

小女孩是怎样处理的呢？她一看那跌倒的小家伙，愣了愣，接着跑过去，装着一下子跌倒了，就跌在那个小家伙的身边。她跌倒了，不仅不哭，还笑的咯咯响。那个小家伙一看小姐姐，也笑了，抹抹泪，又玩起来。

我们的教育工作者，应该从小姑娘的身上得到教益。

老师，最后一道算式错了

10位家长参加学校组织的家长活动，在活动中，老师在黑板上写了下列算式：3+7=10　4+6=10　5+5=10　2+7=10

大家看了上面的算式第一反应是什么呢？

10位家长的第一反应空前一致，争先恐后地小声告诉老师："老师，最后一道算式错了。"说了很多遍，老师笑而不答，然后让家长一个个说自己的感觉。有的家长说，最后一道算式错了，有的则说，"这些算式是不是告诉我们有很多种达到目的的方法？不过老师您最后一道算式错了。"

老师最后说："你们说得都很对，都看到了最后一道算式是错误的，但是为什么没有人告诉我前面三道算式是对的呢？"

在教育孩子的过程中，我们时刻都在提醒着孩子的错误，对孩子对的方面关注非常少，我们的父母和老师关注的是学生成绩最差的学科，而不是他最擅长的科目，关注的是学生表现中最坏的地方，而不是他最具创造性的奇思妙想。因而在我们的启蒙中也就缺少必要的温情，我们总是用挑剔的目光看学生，过多地带上苛刻。我们已经习惯了做一个"错误的指正者"。

推进课程改革是为了不断地完善我们的教育，人们需要站在生命的高度来认识教育的本质。但教育的现实比较普遍的是缺少从学习者出发，从人的生命的自然限度，从它的性质、活动规律去思考设计我们的教育方式，而是以被强烈夸大了的教育控制性，把教育——一个非常生命化的过程，极其表面化地看成两个个体的相互授受关系，教育实践过程不是个性张扬的过程，而是一个规范个性，甚至扼杀个性的过程，使得真正主体的生命力无法张扬。难怪唐纳·柯里顿有这样的感叹："我们整个教育制度的设计，就像捕鼠器一样，完全是针对人的弱点，而不是培养人的优点和长处。"

有一个非常经典的实验：一个人将一只跳蚤放进玻璃杯中，发现跳蚤立即轻易地跳了出来。他重复几次，结果都一样。根据测试，跳蚤跳的高度一般可达它身体的400倍。接下来实验者再次把这只跳蚤放进杯子里，不过这次是立即在杯子上加了一个盖子。"嘣"的一声，跳蚤重重地撞在玻璃盖上。跳蚤十分困惑，但是它不会停下来，因为跳蚤的生活方式就是跳。一次次被撞，跳蚤开始变得聪明起来，它开始根据盖子的高度来调整自己所跳的高度。再过一阵子以后，发现这只跳蚤再也没有撞到这个盖子，而是在盖子下面自由跳动。一天后，实验者轻轻地把盖子拿掉，跳蚤不知道盖子已经拿掉，它还是在原来的那个高度继续地跳。三天以后，实验者发现，跳蚤虽然继续在跳，却已经无法跳出这个玻璃杯了。

这个实验至少给我们两点启发。第一，我们生活的环境很重要。在每一个人的潜意识里都有渴望自己成功的愿望，一个人生活在处处可以使自己获得成功的环境里，成功的激励将不断强化自己取得成功的行动；反之，如果我们生活在常常事与愿违的环境里，在经历了几次失败以后，就有这样的一种可能，或怀疑自己的能力，或抱怨这个世界的不公，于是就降低自己的标准，失去追求成功的动力。第二，一个人的心理素质很重要。在每一个人的心里还会有这样的一种认识：我有其他人取得成功的无法比拟的优点。在经历了几次挫折以后，有人之所以不再追求成功，并不是追求不到成功，而是因为他们没有发现自己的不足，同时在心里也默认了一个高度，这个高度常常暗示自己的潜意识：成功是不可能的，这个是没有办法做到的。"心理高度"是人无法取得成功的根本原因之一。我们要不要跳？能不能跳过这个高度？我们能不能成功？能有多大的成功？这一切问题的关键取决于：自我设限、自我暗示和自我反思。一个人在自己的生活经历和社会遭遇中，如何认识自我，能否不断反思自我，在心里如何描绘自我形象，将在很大程度上决定自己的命运。很多时候，真正强大的敌人不是别人，而是自己；很多事情，并不是自己被别人打败，而是自己被自己的失败心理打败。

如果我们教育的目光只停留在纠正学生的“错误行为”上，我们的教育工作者习惯了做一个孩子错误的指正者，我们培养的人一定是没有个性的人，没有追求的人，经常自失的人，不会不断进取的人。

古希腊神话中有一个国王叫皮格马利翁，他擅长雕塑。有一次，他塑了一座少女的雕像，他把全部的希望和热情都倾注在了这尊塑像上，把它当成了一个有情感的人且深爱着她。结果这尊塑像居然变成了真正的有生命的美丽少女，最终和国王结成了伉俪。这就是人们都知晓的“皮格马利翁”效应。我们希望，在推进教育变革的今天，在我们的教育实践中，让我们从一个“错误的指正者”的角色中解放出来，用激扬生命的教育目标去帮助每一个学生发展，用欣赏的视角努力去发现生命的美，让我们成为“皮格马利翁”式的启蒙者。

难忘的课堂

有这样的两堂课令人难忘。

第一堂课：我上小学三年级时，同桌是一位很马虎的男孩，成绩在班上属于倒数，老师几乎都不喜欢他。最感头疼的是他的作业，不仅字写得没有规矩，还喜欢在本子上乱涂乱画。终于有一天，语文老师忍不住了，当着全班同学的面，把他的作业本撕个粉碎，然后将他拖上讲台，要他当众检讨。男孩被弄哭了，老师又厉声问他："你父亲是干什么的?"男孩答道："瓦工。"老师似乎一下子找到了难题的答案："这就对了，瓦工是干什么的？和稀泥的！怪不得你写的字像和稀泥，原来是遗传！看来你也只是个和泥的料，这书念不成了，干脆回家跟父亲学做瓦工吧！"今天想起，老师讲的话也许是"恨铁不成钢"的气话吧，可那天以后，孩子果然没来上学，跟父亲学瓦工去了。我不想失去一位好同桌，想告诉他应该读书，却没有见面的机会。好多年过去，我在路上偶然遇见他，他弓着脊背，像一个小老头，那时他还未过而立之年。我们相见，自然陌生了许多，彼此似乎想说点什么，但却不知从何说起。沉默了一会儿，我还是说出了以前想说的话："你为什么不念书呢?""我天生就是做瓦工的料。"他怯生生地回答。

以激扬生命、以帮助促进人的发展为目标的现代教育，要求每一个教育工作者建立学生只有发展差异，不能有差生的概念。从理论上去分析，既然承认差异的存在，就必然有高下之分，优劣之别，我们无须回避"差生"这个字眼，这里需要说明的是，这个概念是狭义的，仅仅指学生在学业成绩上的不理想；从教育实践的现状考察，在一定的学习状态下，学生学习不仅存在差异，而且学习上的差生也是客观的存在，更不用避讳使用“差生”这个词语，关键是我们能否清醒地认识到这些“差生”造成的原因，能否在教育中实实在在改造这些“差生”。因为教育的使命，就是要在教育的影响下，让不同发展程度的学生都得到发展。

第一，“差生”是客观的存在

事物发展的差异是客观存在的，人的发展也不例外。在教育过程中充分认识学生发展的不平衡性是非常重要的，这种不平衡可以从三个层面来解读：一是教育前提的差异性。任何一个学生在接受教育前总是存在生理和心理两方面的差异，这种不同的个性特征将对个体入学后的发展产生重大影响，这实际上就是我们平时一直强调的学习“心智”。事实是每一个学生的“心智模式”不同，所以我们的教育不可能让每一个学生同步迈向我们设定的教育目标，每一个学生所能达到的发展高度因“心智模式”不同也是各不相同的。二是教育发展过程的差异。不同家庭教育背景导致学生知识背景和思维方式的差异，如苏霍姆林斯基所说：“有 300 名学生就会有 300 种不同的兴趣和爱好。”事实是学生发展的形态是多元化的，比如，冲动型学生，往往以很快的速度形成自己的看法，在回答问题时很快就作出反应；沉思型学生，往往不急于回答，在作出回答之前，倾向于先评估各种可替代的答案，然后给予较有把握的答案；场依存型学生较易受别人的暗示，他们学习的努力程度往往受外来因素的影响；场独立型学生在内在动机作用下学习，时常会产生更好的学习效果，等等。三是教育目标的层次性。教育有适应社会要求的功能，为社会培养不同层次的人才，教育要求根据需求设定学生的发展目标；“世界上没有两片完全相同的叶子”（达尔文），每个学生都是一个独立的生命个体，生命个体间的各个方面都充满着差异，教育要根据学生不同的生理条件和心理特征，设定不同的发展目标。

事实是，我们的教育并没有实施以人为本的教育，长期以来用统一的“标尺”来度量具有不同个性特征的学生，评价学校的教育效果。素质教育幌子下的教育实践过程不是个性张扬的过程，而是一个规范个性，甚至扼杀个性的过程；“应试教育”最大的特点就是不承认教育对象的差异性，强调“分数面前人人平等”。而有些个性教育看不到自己的出路，反过来又强化了“应试教育”。应试教育的必然的结果，就是造就一批学习差生。

第二，“差生”是可以转化的

著名教育专家顾泠沅先生在他的一篇文章中说，经过元分析和数以千万计有效教学及课堂指导成果的综合分析研究，普遍认为以下三个要素是影响学生学业成就的最重要的要素。

要素一：学生的学习动机和对自己的挑战性期望。学生能否进入到学习的过程之中的前提是：一个学生有没有学习的兴趣，有没有学习的爱好；学生能否高质量的学习的关键是：在有了兴趣和爱好之后是否对自己有一定的挑战性期望。

不同的学生有不同的兴趣和爱好，也有不同的挑战水平。对有的学生来说，从没兴趣没爱好到有兴趣有爱好是挑战；对有的学生来说，由不会到会是挑战；对有的学生来说，会了之后要追求卓越是挑战。一个人只有有了对自己的挑战性期望，才能有不断进取获得优异学业的动力。每一个学生也只有有了自己的挑战性期望，才能有学习的自觉、自信和自学的要求。

教学实践告诉我们，一个人如果没有自觉，没有自信，不会自己学习，他就始终不会摆脱灌输式的被动学习，而且学得非常艰苦。任何一种教学改革，如果能够激发学生的学习兴趣和爱好，能够让学生产生对自身的挑战性期待，它所带来的学习效果一定是最好的。其实学生学习的不成功，最关键的是因为自己始终认为自己是一个失败者。

要素二：在合适的学习时间内给予学生广泛的有效的学习机会。我们的学生不缺学习时间，和国外的学生相比，我们的学习时间够长的了。谁都明白这个道理：学习的成效并不决定于时间的长度，而是单位时间内的效度。所谓有效的学习机会，包括为学生的学习提供多元化的课程和创设良好的学习情境等多个方面。

我们的现实是，国家课程是规定性，是必须实施的。教师要根据学习内容、学习对象的特征来设置学习情境，情境可以是具体的，也可以是抽象的；可以是逻辑性的，也可以是形象化的。校本课程是点缀性，是可实施也可不实施的。我们的许多学校，真正的适性课程是比较少的。

要素三：教师教学的针对性。有效学习总是具有个性化和针对性，所以教师的教学要关注两个词，一个是个性化，一个是针对性。我们的教学，如果能从学生不同的学习需求来设计，而且能针对每个人的突出问题和特殊需求来开展教学，效果一定会非常好。

应该说造成差生的因素很多，有自然基因的原因，有家庭教育的原因，有教育体制的原因，有教师教育的原因，但转化差生的责任，只能由从事教育工作的教师来承担。

把调动差生的学习积极性看作是启动差生工作的钥匙。差生的一个最重要的特点就是学习动力的缺失，因为各种不同的原因，他们长期以来一直生活在不成功的氛围之中，在心中始终摆脱不了失败的阴影，没有一种成功的喜悦。教师应在每一个孩子身上发现他最强的一面，找出他作为个人发展根源的“机灵点”。通过发展差生的个人倾向做到让每一个差生或者在学业上，或者在劳动中取得成绩，使之成为自己极力克服学习困难的精神支柱。同时教师要创造条件，给差生大量的“智力劳动”的机会使差生的学习心理处于积极的活跃状态。

帮助学生建立广阔的“智力背景”是转差工作的基础。很多时候，我们看到的补差不是背书，就是做题目，或者是教师细嚼慢咽的讲解。苏霍姆林斯基坚决反对教学中差生被动死啃书本知识，机械地学习，认为这种教学只会有一种结果，那就是学习索然无味而最终放弃。囿于课本和课堂的补差没有任何实际意义，创设多样化的学习情境，开展丰富多彩的学习活动，提供适性的教育是转差工作的重要途径。孩子的素质和天资，只有当他每天都有时间从事自行活动时才能得到自由发挥，给学生提供空余时间就是创造宝贵财富，使差生获取广阔的课外知识的机会。

足够的耐心是转化差生的外在非常重要的因素。因为平时学习的基础缺漏比较多，学业的链条因为脱节很难短时间内形成系列图谱，还有长期的落后所形成对学习兴趣的缺失难以持久，教师需要比平时有更多的耐心，用多样的刺激来唤醒他们的生命意识。

让“我”的同桌失学的老师，你反思了吗?

第二堂课：初中的班主任是一位姓徐的年轻女教师，胖胖的，不漂亮，但她脸上总是洋溢着笑容，仿佛喜事不断，对学生有着特别的亲和力。面对我们这群淘气的孩子，按照她自个儿常说的，“又可爱又可气”，我们听了都有一种甜蜜的感觉。

我们的教室，是多年未修的老房子，加上调皮鬼们无意中经常用笔画、用脚踹、用钉子戳、用小刀刮，苍老的墙壁被弄得污迹斑斑，土块剥落。听说上面要来人检查，学校怕这样的墙壁影响形象，就请了几个瓦工重新涂上白泥，为了赶时间，得在上课时工作。那天是班主任的一堂数学课，她先带领大家用掌声欢迎几个瓦工进教室，接着停下课来让学生观察瓦工娴熟流畅的抹泥动作。在同学们的鼓励和喝彩声中，几个瓦工特别卖力，一堂课时间就把四面墙壁涂抹一新。

欢送瓦工出教室后，班主任对我们说：“现在教室里明亮多了，可瓦工师傅流了大汗，身上溅得满是泥点。他们以自己的脏与累给我们换来了美好的环境，你们说以后该如何做呢?”大家纷纷答道：

“讲究卫生，保护环境!”

“尊重别人的劳动。”

“哦，多好的孩子！老师真喜欢你们。”她说。像妈妈的语言，让我们又一次感受到爱和温暖。

——就这么简单。一直到中学毕业，我们谁也没有忘记那次课堂上的表现。

教育，是通向智慧的道路，课堂是走向智慧的通道。朱永新教授对智慧有过这样的论述：“知识关乎事物，智慧关乎人生；知识是理念的外化，智慧是人生的反观；知识只能看到一粒沙子就是一粒沙子，一朵花儿就是一朵花儿，智慧却能在一粒沙子里看到一个世界，一朵花里发现一个天堂。”教育的目的就是教育本身，是成长，不是为了其他任何功利目的。如果非要视教育为手段，挖掘其功用，内尔·诺丁斯的话或许可以被人接受——“学校教育不是通往上流社会的阶梯，而是通向智慧的道路”。

在通向智慧的道路上，我们的老师一定要做智慧型的教师。这样的教师一定以爱为前提，年轻的徐老师，绽放的笑脸上写满了爱，机智的教育行为中充满了对劳动和劳动者的尊重。这样的老师，能不令人难忘吗？

两位美国老师给我们的启迪

第威夫人是五年级的一位班主任，班上有位学生叫克莉斯蒂，成绩非常优秀，如果在中国，教师肯定对这样的学生关怀有加。可是这位班主任在和家长交流的时候却这样说："对于克莉斯蒂这样优秀的学生，我唯一的担心是，如果有一天她的成绩报告单上不是那么漂亮了，有了一个甚至几个 B，她会怎样去处理这个事情呢?"

第威夫人给家长讲了她女儿的故事：她的女儿曾经是个非常优秀的学生，门门功课拿 A。可是上了高中后，由于功课越来越难和一些其他原因，成绩单上也有几个 B 了。女孩子无法承受自己在学习上不再是最优秀的事实，便想方设法寻找能让自己最出色的方面。最后，她终于找到了——那就是节食。其结果是什么呢？小姑娘差点连命都丢掉了。幸亏发现得早，药物治疗加上心理治疗，千辛万苦地总算把她给救过来了……第威夫人说："我把这个故事告诉你们，是希望它不要重演，我像爱自己的孩子一样爱你们的孩子，作为一个教育者，我最大的心愿就是她能身心健康地成长。"

接着，第威夫人给家长讲解了她的打算，并说在实行这个计划之前需要得到家长的允许：她准备有意给克莉斯蒂增加学习和考题难度，让她的成绩单上至少有一两个 B，以观察她的反应。第威夫人认为培养孩子承受挫折的能力与建立孩子的自信心是一样的重要。"时时要让孩子知道，我们爱他们，大家喜欢他们，是因为他们的良好人品，和他们的学习成绩如何则是没有太大关系的。”

教师最需要什么？中外教育家给我们的建议无论从哪一个角度去分析都十分有价值，它对纯洁教师的思想，树立对教育的信仰，端正教育态度，养成良好习惯，改善教育行为都是建设性的。

在说我们的教师最需要什么之前，我们应该先说我们的教师现在最缺什么。

对照美国的班主任，我们可以自豪和肯定地说，我们并不缺乏像第威夫人那样热爱孩子的教师，像第威夫人那样具有教育艺术的教师也不少见，要说我们的教师都没有自己的思想也与现实不相吻合。那我们的教师最需要什么？我们最需要的是不以追求成绩作为评价教师成败，评价学生得失的最主要依据的教育体制；我们最需要岗位不分高低，人无贵贱的公平价值观念。

我们不是不知道培养健全人格和良好品质的重要。我们也不是没有方法去注重身心健康的培养，但更多时候，我们的教育——无论是家庭、学校还是社会，追求孩子的好成绩似乎已经成为我们的“潜规则”。因为我们过多地关注孩子的成绩，紧接着的是追求优异成绩的一系列举措，这些举措常常扭曲孩子幼小的心灵，使他们的心理蒙上阴影——成绩优异者的自以为是，耐挫力的下降，眼睛里容不得沙子；成绩落后者的自暴自弃，甚至仇视人生，仇视社会。

欣喜的是，追求教育公平已经成为国人的共识，而且付诸实实在在的行动。我们更需要努力的是公平价值观念的形成以及在育人成长理念下对学生的了解。

美国有一位叫斯蒂芬·金的女士，以“课堂笔记与学习成绩相关性研究”（中学八年级数学）为课题，进行卓有成效的研究。她对我们教师了解学生提供了有益的启示。

她的研究设计是这样的——

问题：本班一名黑人学生斯通智力一般，但数学成绩一直非常好，课堂笔记特别认真。老师在想，这二者之间有联系吗？如有，就可能找到普遍提升数学成绩的可行路径。

第一轮研究

设计一：要求全班学生按照老师的规定的统一格式做课堂笔记，连续上交课堂笔记一个月。老师对所有学生的笔记做了具体的分析和研究。

分析结果：

1. 成绩特好和成绩特差的孩子课堂笔记比较简单；

2. 成绩特差的孩子中有相当一部分孩子的智力不差于斯通；

3. 斯通数学成绩优异的原因在于强调通过笔记的方式强迫自己认真听课，找到并记录教师讲解中不懂的问题，课后想法弥补。

第二轮研究　强化针对性

设计二：以斯通等中等智力学生的课堂笔记为基础，形成3种课堂笔记范例：

A模式：只记自己感兴趣的课堂笔记。

B模式：以记录自己听不懂的问题为主，辅之以课后弥补。

C模式：全面记录的课堂笔记。

在自愿的基础上建立A、B、C三个数学学习小组，人数基本相等，按三种方式坚持记课堂笔记一个月，然后做进一步的分析和研究。

分析结果：

1. 对中等智力学生而言，课堂笔记能普遍提高学生的学习注意力，直接影响学生的学习成绩；

2. A模式对中等智力以下的学生影响不大，B模式对学生成绩影响明显，C模式多数学生不能坚持，但坚持下来的效果很好。

我们完全可以从这个教学研究案例中获得启迪。

第一，善于从自身的教学和学生的成长细节入手，发现问题所在，并把问题聚焦。第二，教师应该有改变自身教学的强烈意识和自觉的行为，努力追求教学的高品质。第三，通过系统的方法设计，有意识地干预自己的教学和学生的学习，逐步形成明确的认识和结论。

曾经有人对中美教育做过形象化的比较，说美国的教育是一个教师领着一群学生来到大海边，老师面对大海，给学生讲述大海的奥妙和神秘，鼓励学生要勇敢地投身到大海之中，去寻觅那颗属于自己的珍珠。于是把学生纷纷赶入大海之中，不管你是否会游泳。被赶入大海的学生，他们各自用自己的方式在大海里活动，或在浅滩上戏水，或在牵手中向深水区迈进，或在深水中挣扎和呼号。老师只是在岸上一个劲地喊：游到深水区去！往深水区游，结果有可能被淹死的，但更多的是以顽强的意志和毅力得到了独立生存的能力，因为每一个老师对学生是知根知底的；说中国的教育是一个教师领着一群学生来到河边，老师面对小河，给学生讲述学会游泳的技巧和本领，然后领着学生一起进入小河中，指导着学生应该怎样或不应该怎样，还得十分谨慎地关注每一个孩子，千万不能出事。结果是不管你会不会游泳，一律上岸，因为老师不知道学生需要什么，也不敢放开手脚让他们去干什么。

激扬生命的教育，是教育者洞悉教育本质不断完善自身行为的教育，是知己知彼实施针对性和个性化的教育，是帮助和促进人的发展的教育。

第二章

关注日常细节，读懂外显表现

教育无神话，多一份细节的关注，就多一份成功的收获。

一位伟大的建筑师在描述他成功的原因时，只说了五个字："魔鬼在细节。"他反复强调的是："不管你的建筑方案如何恢宏大气，如果对细节的把握不够到位，就不能称之为一件好作品。"细节的准确、生动可以成就一件伟大的作品，细节的疏忽同样也会毁坏一个宏伟的规划。从事塑造心灵、成就生命的教育事业，更需要关注"细节"。教育工作者是在学生心灵中行走的人，稍有不慎，便会贻误一颗心灵，一个生命。真正的教育是走进孩子心灵的教育，是润物细无声的教育，是老师不经意的一次提醒，是老师一个宽容的微笑，是老师会心的一个眼神，是老师无意的一个举动，是老师无声的一个示范……这就是教育的细节，像春风细雨般呵护着春天的幼芽，轻轻地，淡淡地，柔柔地，水过无痕。这样的教育或许会使孩子受用一生，终身难忘。

教育，需要逐渐卸除外力作用

记得以前就听说过这样的事儿，幼儿园老师为鼓励孩子，就在小朋友脸上贴上星星、小红花；小学老师多在作业本上盖上红五星。孩子们常常以此为荣，并且相互比一比谁脸上贴的小红花多，谁的作业本上星星多。据有关教育理论称“这是孩子前进的动力”。

后来，又有各种评比，老师的奖励、表扬手段也是层出不穷，项目名称与日俱增，目的是让所有的孩子都能得奖。于是，走进教室里，贴满了奖状；亲朋好友互访，如有孩子，一定会关注墙上张贴的奖状并赞美几句，人人有奖成了一种趋势。

后来，又出现了“举手发言加分”的举措，目的是用分数来刺激孩子们踊跃举手发言，课堂上充斥着种种廉价而又无聊的“好，真好”“真棒”之类令人发腻的公式化表扬，营造的是“师生互动”的假象。

再后来，又有“五道杠”的传说以及全班“人人有官当”的神话。只要有个人头，都会有个帽子。这其中的玄机，众所周知。

经常有家长对我说，家庭教育中他们也会有激励手段的，比如，完成作业后，奖励玩两个小时的电脑游戏；比如，考到 90 分，买个游戏机（现在升级为电脑了）。

以前，有一位领导就振振有词地说，一个好的老师，就是要会“哄骗”，能把孩子哄骗得听话并刻苦学习的老师就是好老师。现在，应该用“忽悠”更恰当。

从以上种种说法做法可以看出，对于孩子的教育，成年人比较倚重老师和家长威逼利诱的外力作用上，所谓“为荣誉而战”是也。

于是，我们看到，各种奖励措施日新月异，各级各类表彰百花齐放。如此循循善诱的目的只有一个，那就是把孩子纳入我们制定的一套体系中。于是，我们的学校教育，我们的家庭教育，似乎总是充满着甜蜜的滋味，是开满鲜花的原野。一片皆大欢喜，似乎教育已经非常民主平等，学生个性化也获得了空前的尊重，每个人都可以尽情展示自己闪亮的一面。

一派欣欣向荣的背后，我们会发现，教育，其实并没有我们想象的那么浪漫，描述的那么美妙，“透过开满鲜花的月亮，依稀看到你的模样”。苦涩的滋味“才下眉头，却上心头”，学生厌学涛声依旧，师生负担依然“压力”山大，考试成绩依然是高悬在头顶上的一柄坚不可摧的达摩克利斯之剑。即使偶尔“风乍起，吹皱一池春水”，但很快又风平浪静，山还是那座山，水还是那条水。

为什么？因为我们似乎忘记了，这一切的作用，都是外在的力量。而外力，总有一天会消失的。一旦没有了小红花、五角星、奖状证书、封官许愿、分数评比、加分、玩游戏，那么，孩子还要写作业做好事举手发言吗？答案不言而喻。写到这儿，我不禁想起吴非老师说过的关于教师读书、写作、反思的事儿来。吴老师问一个老师：最近读书写作吗？坦然回答：我最近几年还不要评职称。又问一位评上高级的老师：最近读书写作吗？不屑一顾地说：评上高级了，还读书写作干吗？言下之意，“革命到头了”，马放南山，刀枪入库，开始吃老本。

成年人尚且如此，孩子就更不必说了。表扬和鼓励是重要的，这一点毋庸置疑，尤其是在心智还不成熟的低幼阶段。但其真正的效力毕竟只是短暂的，即时的，有限的。用得好则罢，用得不好，则会给学习和发展带来畸态和扭曲，使得孩子在幼小时候就学会功利和世俗，被一些微不足道的利益蒙蔽，而不知道自己所欲何为，路在何方。学习，不是出于自身需要，不是发自内心，而是为了眼前的蝇头小利，就会缺乏远见卓识。于是，就出现了一些家长抱怨孩子提出“你不给我玩游戏，我就不做作业”之类的讲价钱谈条件的要挟。

我读小学时，一直担任班长，到了初中后，几个学校的学生集中到一起，强手如林，我只降格担任了一个副班长，为此我委屈了很长时间。好在我的班主任后来对我说，你读书是为了当班长吗？我才慢慢恢复了常态。现在我做老师，也常常会遇到一种情况，孩子刚刚从小学过来，老师表扬的语言少了，班干少了，伴随着这些，孩子会有一些时间不适应，有不少的失落，甚至会想，我怎会一夜之间就失宠了呢，是不是没有别的同学发展得好？我的学生进了高中后回过来看老师时，也会时常说到一个话题，说高中老师没有初中老师那么“精心呵护”了，似乎关注不多了，肯定也少了。我总是笑着告诉他们，鸟儿羽翼丰满之后，不能总是停留在温暖的巢穴里，需要自己展翅翱翔，而不是一辈子生活在他人荫蔽之下。

哲学说，外因是变化的条件，内因是变化的根据。人的发展，只有依赖内驱力，才会长久和可持续。如果不是出于内心，而是为了迎合外力，那么，外在的刺激终有一天会消失，老师的忽悠手段终有一天会江郎才尽，孩子在被哄骗之中终有一天会恍然大悟，有一种被欺骗被利用的感觉。很多看上去很美丽的东西，有时不过是为了满足老师的利益和家长的面子而已。

世界文学巨匠泰戈尔说：“翅膀坠上黄金的鸟儿无法飞翔！”

成年人竭尽所能的鼓励与刺激不过是赐给孩子练习走路的拐杖，有朝一日，总要扔掉拐杖，自己学会走路，才会运步自如，大步流星。如果把拐杖当成终身依赖，那么孩子是长不大的。教育的误导常常表现为把手段当成目的。所以，随着孩子的逐渐长大，教育的过程，就是一个逐渐卸去外力作用（请注意，是逐步，而不是一下子），而让孩子内心强大起来，早些独立迈开大步，自己昂首向前的过程。我们要做的是，逐步卸去孩子飞翔的翅膀上的种种负担，让他们自由翱翔；逐步卸去那些附着在孩子成长道路上的种种动机不纯的诱惑，让他们不带功利坚实地走好每一步。

路，总要自己走的。

孩子们太精彩了

不得不说，我对孩子们的欣赏是与日俱增了。

不，简直可以用敬佩来说。

学期临近结束，学校的各种总结也纷至沓来。这不，“创文明班级”交流活动如约而至。还记得上次学校的班级文化建设交流期间，我赴南京学习，这重大的任务就落在了陈某等几位同学身上，结果，他们漂漂亮亮地完成了。圣诞节前，刘某同学主动请缨要开一个主题活动，度过一个有意义的圣诞，我毫不犹豫地回了个短信：交给你负责。这帮小屁孩，只是到了活动前，才来跟我借电脑，原来他们已经悄悄准备好，万事俱备，只待东风。我顺便问一句：欢迎我参加吗？“随便”，她们嫣然一笑，把美丽的身影留在我的视线里。当然，我也就落得个清闲，由他们去疯一回。至今，教室的窗户、墙壁上贴着的装饰，他们还不肯卸去。

这次通知一发到我的手机上，我马上就想到，任务还是交给颇有经验的陈某她们来完成。于是，我立即把学校通知转发给周某、陈某、刘某三位同学的家长，并请他们转告孩子，利用双休日完成。这期间，他们倒是有两次来找我借电脑，几个主持人磨合一下，可惜的是时间总是不凑巧。后来，他们还因为稿子与内容的协调问题，主动将周某换成梅某。直到今天中午，才终于找到一个空隙，到一个小会议室里，三个人对着文字稿和 PPT 进行最后的彩排——其实，也就是这一次。只是，她们还是把我撇在一边，“从不热情”邀请我这个班主任到场“指导”一番。看着其他班主任忙得不亦乐乎，我心里也多少有些不踏实。中午的时候，我悄悄来看她们准备的情况，见他们一边掐时间，一边对台词，有条不紊地练着呢。我不看不知道，一看吓一跳。几个小丫头，竟然把我的好几张照片放在幻灯片上，有几张还是我多年前老博客上的照片，我自己都好久未打开。惊讶之余，我问她们从哪儿找来的，她们说网上找到的。天哪，居然会“人肉”我这个班主任。而且，她们在文字中还一口一个“我们的红哥”叫得欢，害得我都有些不好意思起来，好在脸皮较黑，也看不出来黑里透红。我的孩子可比她们大多了，真是不知天高地厚啊。教导处郭主任说，还叫你“红哥”呢，应该叫你“红叔”还差不多，我理解她是羡慕嫉妒恨，简直是一定的。

活动终于开始了。我和同学们一起坐在教室里收看电视实况转播。看到其他班级同学的演讲，顺顺当当，而且没有超时，我不免有些担心。因为其他班级都是一个主持人，而我们班却是两位轮番播音，会不会因此而拖延时间？好不容易等我们班上台，全班霎时鸦雀无声，每个人都屏住呼吸，凝神注视，那一刻只是四分钟，却好像四十分钟一样紧张。“耶——”，教室里自发响起了热烈的掌声。还好，一切顺利，直到演讲结束，我悬着的心才平稳着陆，暗自舒了一口气。几个男生坐在我边上，也不时偷偷地点评一番。我对张某说，你有得是朗诵才能，可要争取机会上台！他连忙“嗯，嗯”点点头，一副踌躇满志的样子。几个男生偷偷向我投来渴望的眼神，我心知肚明，下次的节目，一定要让男生来展示，要不，总是须眉让着巾帼，害得男生们只有欣赏的份儿可不行。我坚信，傻小子们，可不只会打闹和吃喝，有正经的事儿，他们也会毫不含糊地露一手的。

回到办公室，几位“大众评委”老师情不自禁地点评起来。王老师问，我们班的台词是不是我花了很多心思润色了。我灿然一笑，不无得意地告诉他们，不要说台词，就是整个活动，我都未有任何的插手，全是孩子们自己的。自然，又是一阵惊叹，无不佩服我班学生能力强，语言素质好。不过，说实话，我真的挺佩服这几个小丫头的，她们的演讲稿写得真是诗情画意，没有那些令人厌烦的

“官样腔调”中惯用的定性术语，基本沿袭我的“陈述加描述”的风格，再配上一曲优美的旋律，效果自然非同凡响，令人折服。

一位教育界前辈说，先生最大的幸福，是教出让自己敬佩的学生。学生的优秀并非我教出来的，作为一个老师，我只不过是为学生的成长提供了最大的可能，为学生的发展留足了最大的空间，为学生才华的施展创造了更多的机会，而不是越俎代庖，事事都由自己包办代替。自然最美。孩子们亲手制作出来凝聚着智慧和才华的成果，哪怕结果不完美，但他们精心准备的过程，真实，纯真，充满童趣。这样的过程最美丽，这样的学生最美丽，这样的班级是最美丽。

七（10）班满月啦

我们的七（10）班，满月了。

55个孩子，还有我，从不同的地方走来，相遇在一个叫七（10）班的教室里。无论是萍水相逢，还是冥冥之中的注定，我们的生命相遇了。我们磨合着，憧憬着，携手并肩，我们不仅见证着奇迹的发生，我们也正在一起创造着奇迹，由陌生到熟悉，由相互试探到相互包容，由怯生生张望到不设防地顶个嘴发个脾气。悲伤着你的悲伤，快乐着你的快乐——我们是一家人了。

30个日子，铺开了一幅幅多姿多彩的画卷，说不上跌宕起伏，其中的五彩缤纷却也值得回味，值得珍藏。我愿意掬起其中的几朵浪花，姑且用拙笔做几个记忆中的人物素描吧。

你爱笑，一副乐天模样，即使被老师批评，也只是勉强挤出几滴眼泪，博得老师心慈手软，一次次成功逃脱老师的惩罚，一转身就破涕为笑，下课，自习，总能听到你的笑声，看到你的笑脸，我真不忍心去让你的心情晴转多云呀。

你爱哭，有几次家长忘记签字了，你很不好意思地说，老师，我爸爸太辛苦了，昨天他十二点才下班，我没忍心让他签字，只是为了让他多睡一会儿。我说孩子别哭，我要告诉你，有你这句话，什么都不重要了。

你个头小，总排在第一位，那天，你问我，老师，我能长得高吗？我说，这个无所谓的。你个小心气高，书写的作业横平竖直，赏心悦目。从你身上，我看到了当年的自己。我说，孩子，很多伟人，个头都不高。如果你能站直了，立正了，你就是顶天立地的男子汉。

你来自外地，告诉我，在常州举目无亲，我说没关系，同学就是你的兄弟姐妹，还有我，你想把我当作什么就是什么。同在异乡为异客，相逢何必曾相识。我说，我也是漂泊在外的游子，而且我已成孤儿，但我没有孤单感，因为我同事们从未介意我至今不会说常州话。因为，我自认为工作问心无愧。

你的体育特长，出类拔萃，早早入选学校田径队。可你的风头常出错了时间和地点。同学午休时，你总爱喝水，又不太小心，把那个充满个性的钢化水杯碰得满地打滚，咯嘣嘣响，搅扰了同学们的休息，在同学们的侧目中，我不得已把你的水杯拿过来。

你当班长，帮我做了很多事，开学时的一大堆表格填写，都是你不厌其烦地对照户口本填写复制粘贴。也许你觉得陷入如此事务性工作很无聊，于是也会抓紧一切可能与同学玩个躲猫猫的游戏，时常忘记自己“不是一般群众”。

你做值周班干，想管一下眼睛总闭不上的男生，却自己先脸红了。面对小调皮们的捉弄，你只好自己埋头做作业。我说，别怕，你做老好人，别人不会欣赏你的。有时候需要有些“领导风范”的。

你把卫生任务分配了后，就以为那帮臭小子会自觉完成，谁知，他们宁可在包干区来一段扫帚舞，也不愿意早些结束而回到教室。我的不满，换来了你的委屈。我看到了你眼圈里打转的眼泪，但你最终还是忍住了没让眼泪掉下来。我说孩子，你别急，慢慢来。

你，在得知一次数学测试分数后，脸上的笑容立即凝结成霜。我说孩子，我懂你的忧伤，只要你问问自己是否已经尽力。唯一能拯救你的是你自己，你的分数我不在意，但我真担心，低分会不会成为你日后前进的重负，你是否有信心抬头跨过接踵而至的一道道关卡。

你，刚被委任为劳动委员，可能是过于激动，在回家路上以自己的自行车勇闯汽车，付出了骨折的代价。学校通知卫生委员开会，你打着石膏挂着绷带，悄悄地来了，没有告诉我你受伤的事情。我说孩子，你若安好，便是晴天。

还有，你领衔出了第一期黑板报，因为获奖名次不高受到了同学的奚落，但第二期黑板报你还是义无返顾地提出再出一期；你身体超宽，我让你担任语文科代表，你说把在教室和办公室之间的来来回回当作减肥运动；你为了班级环境布置，自己写字装帧，贴在教室里；你掌管着教室的钥匙，每天第一个到校最后一个离校，那天忘记关窗，我一个电话，你又从家里赶回学校。

……

孩子们，你们是那么真实的存在，你们身上有那么多令人着迷的个性，释放的是青春朝气，涌动着四射活力，这就是造物主巧夺天工的手法吧。你们的一颦一笑，都有我在观赏着而不是在看管着；你们的或悲或喜，都有我在感同身受而不是左右控制；你们每一个人都是一本需要慢慢阅读的书，而我，则是最幸运的读者。

我常常期盼，孩子们快快长大，长大了，我就可以不必为你们的玩闹而操心，不必为你们的缺乏自制而焦灼。羽翼丰满，天高地远才是你们驰骋的方向；且歌且行，岁月总会把你们带向快意人生的远方。可是，我又常常自私地希望你们永远也不要长大，我希望身边永远有你们这群不知天高地厚，不识愁滋味的明净纯洁，以及对未来怀揣无限想象的少男少女。你们扑闪的明眸如清泉祛除着我心灵积存的污浊，你们像花儿一样竞相开放的笑脸令我心中每天阳光明媚，你们嘹亮甜美的童声时常把我拉回曾经的美妙时光。我担心，一旦你们长大了，就会被世俗所沾染，老成持重，世故圆滑，取代了你们特有的天真纯洁，想想我都觉得不寒而栗。稚嫩脆弱的心田，怎能经得住成人世界的惊涛骇浪；口无遮拦的率真，在老谋深算面前又是多么的不堪一击。无忧无虑的童年，尚有对未来的好奇和幻想，一旦在考试的刀枪火海中，会不会玉石俱焚？一旦在世俗的唆使调教中，会不会人未老心已衰？我不想你们是一个年轻的脸，却藏着一颗老人的心。但我不能太自私，丽日晴天你可以心花怒放，风雨交加你也要从容淡定。脚步已经迈开，那就昂然面对。我，会在路上为你呐喊助威。

孩子们，一个月过去了，我们几乎在波澜不惊中完成了学校的各项任务。我们适应了每一次铃声的命令，每一个广播的指示，适应了就餐的次序，适应了自习课要主动安排自己的学习。我们没有在学校的活动中获得骄人的成绩，广播操，黑板报，环境布置，我们似乎都只是成绩平平，但这一切并不重要。无论做什么，我们得问问自己做得是否开心，如果不开心，一张纸只是代表别人的眼光，而不是我们的内心。

满月，只是人生的第一个庆典。让我们用生命的历程去赶赴那一场场隆重的庆典。

有没有一间教室让孩子留恋

今天下午，金某的爸爸约我谈谈孩子的情况，我们在办公室里聊了一会儿。金爸爸告诉我一个细节。期末考试期间的一天下午，正好轮到学生在校自主复习，他们家里有事，就帮金某请假并把孩子带回去了。可是，金某在回去的路上一直不满爸爸的这个做法，因为他想留在学校，留在教室。

金爸爸不说这事，我都忘记了。他一提起，我猛然想起，那天下午，还有一位女生凌某，也是妈妈跟我请假想带孩子回家自己复习的，我答应了，并告诉凌某，妈妈已在学校门口等，赶紧收拾书包回去吧。可是，凌某下去了一下，很快又回教室了，我惊讶地问："你不走了?"她腼腆地并以她一如既往的微笑回答我："嗯。"

我们班平常总是五点一到就准时放学，但我也发现一个让我左右为难的现象，有好几个孩子，放学了就是不愿意赶紧回家，总喜欢待在教室里，叽叽喳喳地谈论，或是班干们在商量班级活动，也有像周某、凌某他们在学校里再做会儿作业后回家的。说实话，我挺喜欢看着孩子们在肆无忌惮，开开心心地聊一会儿天的，毕竟一天的学习下来，绷得紧紧的弦也需要适当的放松。然而，为学生安全考虑，我又不得不"赶"他们回去。很多时候，看着他们有些失落的表情，我也有些于心不忍而又无可奈何。记得有一次，章某背着个书包在教室外走来走去的，我问他怎么不回去，他说，妈妈要过会儿来接，教室里不肯待，只好在教室外闲逛逛，我竟一时语塞，不知道怎么回答了。

想起了这些情节，作为班主任和语文老师，我顿生感慨。在不良的社会环境下，学校恐怕是仅存的一个相对纯洁的地方，是孩子成长过程中的不可替代的场所，这里本该有知识，有快乐，有同伴，有成长，有他们自己的生活时间和话语空间，是孩子们的精神家园，理想在这里播种，信念在这里萌芽，未来在这里起航。

毋庸置疑，学校和教室，应是学生最留恋的地方。

生而不幸的是，在功利至上的应试教育的滚滚洪流中，人们越来越看不清它的真实面貌，试卷代替了知识，竞争抹去了友谊，苦学驱散了快乐，升学冒充了成长，教育也不再那么令人肃然起敬，相反，过多地掺杂进利益、交易以及泡沫、浮夸，原本应该引领社会健康发展的教育，也迷失了自己的航向，违背了自己的本质，随波逐流，跟风盲从，沦为追名逐利的工具和政绩的点缀。于是，种种扭曲变态的措施、行为，最后都以种种动人诱人的名义毫无廉耻地加到孩子身上，社会动机加剧了功利主义的力量，扭曲了童年的价值，绑架教育走上了轰轰作响的战车，以至于很多人把渡河的舟楫当作彼岸，也让师生背负了沉重的负担，不把孩子折磨成一个世俗附身的行尸走肉誓不罢休。“我拿青春赌一个迷茫的明天”。有报道说，孩子一听说上学就装病逃学，一考试结束就撕书发泄心中郁结已久的怨恨，甚至，有笑话说，孩子生病了怕打针，爸爸妈妈就吓唬孩子说：老师来了，校长来了。孩子吓得乖乖打针。2012 年高考前，湖北某市第一高级中学惊现“吊瓶高考预备班”。图片上，教室灯火通明，每张课桌上都堆满了书，教室半空拉上了铁丝，挂着许多吊瓶，不少学生正一边学习一边打吊瓶。图片给人以强烈的视觉冲击，带有深刻的隐喻意味：是学生病了吗？不是！是整个中国教育生病了！于是，孩子怕老师，怕教室。去教室，成了孩子的噩梦，战战兢兢，如“步步留心，时时在意，不肯轻易多说一句话，多行一步路，唯恐被人耻笑了去”；离开教室，成了孩子最开心的事情，如同飞出笼子的鸟儿般，呼吸自由的空气，振翅而飞。有多少孩子，在学校，在教室里，他们失语了，失笑了，压根就已经不敢说，不会说，不敢笑，不会笑。成天面对着白纸黑字，脸上写满凝重与老成，眼睛里只有公式字母。君不见，无边习题萧萧下，不尽长江滚滚来；君不见，枯燥乏味的耳提面命“我不想听还不得不听”；君不见，步步惊心的考试触动着多少个家庭敏感的神经。只有离开了教室，他们才敢放开嗓门，大声说笑，重新做回自己。

如此，放学后还留恋教室的，简直就是奇迹了。

但愿，这样的奇迹不再是奇迹，而是一种常态。

大约20多年前，美国面向小学生征集最聪明的一句话。其中有一句是这样的：“我的手很小，请不要往上放太多的东西。”值得学生留恋的教室，就是它没有“太多的东西”令孩子们不堪重负而仓皇出逃。

夸美纽斯想创建的班级是一个“富有欢乐与吸引力的宇舍”。我希望，我们的教室，有孩子留恋的理由。在这里，孩子的内在生命能冲破禁区，挣断桎梏去做一次次创新旅行；在这里，教者能停住喝斥的教棒，收住规训的社论体言辞，让孩子们尽情地唱，驰骋地想，怡然前行；在这里，孩子可以通过窗户放飞自己的心灵，对湛蓝的天空有着无限的憧憬；在这里，孩子的时间，不是被功课表填满，没有人逼迫他赶考，没有老师和家长联合起来在功课上夹攻，他可以学一点他自己渴望要学的学问，干一点他自己高兴干的事情。

为落后学生准备低水平的问题！这就是教学

“为落后学生准备低水平的问题！这就是教学。”这是王栋生先生在3月31日于江苏靖江举行的“首届苏派语文教育论坛”上讲的一句话。先生的话虽然只是一带而过，却在我头脑中留下了极深印象。

首先让我们来回放一下课堂上的常见情形。老师提出问题后，就开始等待学生的回答。这是一个令老师爱恨两茫茫的过程。我们会看到两种情形，一是有学生立即举手，所谓“小手直举，小脸通红”，一见小手如雨后春笋，老师脸上便灿若桃花，“微笑默叹以为然”，口中念念有词“好，真好，你真棒”。学生的精彩发言甚至还会获得听课老师的掌声，课后也会获得好评如潮，美其名曰：师生互动效果好，教师提出的问题有质量。

另一种令人沮丧的情形是，随着时间分分秒秒的过去，面对老师提出的问题，学生就是毫无反应，老师使出浑身解数启发点拨，循循善诱，学生就是“任尔东南西北风，我自岿然不动”，低下头来，避免与老师目光相遇，以沉默来回报老师，“教室里静得可怕”。很多老师在课后都会描述当时的纠结尴尬，潜台词就是“不是我的问题设计得不好，而是这个班学生发言不积极”等。

问题出在哪儿？与教师的问题设计有很大关系。在备课，尤其是备公开课的时候，我们时常会想到，“要提出几个有质量的问题”，以便课堂上能够出彩。

所谓有质量，一般关乎“文本解读的深度、广度”；所谓出彩，则与“学生回答的独到见解以及表达的流畅”等因素关联。然而这两点的，毕竟只有班级中学习佼佼者才能为老师上课“支撑面子”，大多数学生或学习困难者则只好望洋兴叹了。倘若一位老师在课堂上提出了一个非常简单的问题，那么又是怎样的结果呢？我想很多老师都会感同身受的，那就是，在评课的时候，等着专家学者同行们“一一指出其中的问题”——“文本解读不到位”“问题缺少启发性”等，总而言之，这个问题“没有价值”。

我想到自己一次在外校借班上公开课上发生的一幕。一个问题下去，我按顺序请学生回答，结果坐在教室的最角落的一个学生站起来一言不发，看也不看我一眼。就在这时，坐在后面听课的他的语文老师按捺不住地站起来悄悄告诉我，这是个差生，不要管他了。每每上公开课，我都会想起这件事来。

我们知道，一个班级里五六十个学生，只要是自然组成的，便会参差不齐，有时班级里优秀生甚至可以做落后学生的老师。这是我国国情所致，班级授课制的必然产物，我们无法回避。但是，什么是教学，且不管专家学者们有多少种高屋建瓴的说法，教科书理论著作中有多少种言之灼灼的诠释，我们上课还要充分考虑到每一个学生存在的意义和尊严。如果老师准备的都是“有价值的问题”，“深奥的问题”，其教学意识的指向并不是所有学生，而是班级里的少数精英学生。照这样的标准，也只有精英学生才能助老师出彩，他们侃侃而谈，指点江山，激扬文字，尽情展示，赢得阵阵掌声；而另一部分落后学生则只好在少数学生的狂欢中沦为看客或被动接受别人的观点。因为这些所谓的“有价值的问题”对落后学生而言，往往就是天方夜谭，根本就插不上只言片语。如果老师上课总是以“有价值的问题”来与少许优秀生“精彩对话”，那其他学生便逐渐丧失言说的权利，丧失表达的欲望和能力。如此，我们还要谴责学生“启而不发”“榆木疙瘩”，那实在是教师自己的问题，如果再故意用一些学困生根本无法回答的问题来刁难学生、惩罚学生，令学生无地自容，这就是教学伦理上的问题，另当别论。

什么是有价值的问题？适合学生的就是有价值的问题。问题未必要一致，答案未必要同一，过程未必要顺利，让更多的人能够在课堂上感受到生命气息，有尊严地在学习，这便是有价值的教学。

我们不否认公开课的价值，的确有很多优秀老师就是在公开课的打磨中成长和发展起来。但是，我们不能忘了教学的根本目的是为学生，而不是为听课者。我们不能忽略的一个基本常识是，课堂上发生的问题，只有任教老师自己和学生才知道，别人其实都难以理解。比如，一个教学问题，在专家或其他老师看来是多么地低幼，但执教者提出的这个“低水平问题”，就是为了照顾班级中某位落后学生而准备的，因为他的老师知道，这个孩子的基础如何，能力如何，他们也许会因为能回答这个“低水平”问题而重拾自信，于教学而言善莫大焉。这才是真正的教学。

在设计有价值的问题的时候，我们应因人而异，既要为学优生准备具有思维挑战的问题，给他们发挥的舞台，也要降低要求，放下身段，留一些时间和空间为那些学习中的弱势群体准备一些“低水平”的问题——他可能在读书生涯中，就只有那么一次或几次回答问题的机会。

课堂要有生命关怀，要对每一个学生负责，这些话，我们都耳熟能详，可在实际行动中实在是知易行难。

鼓励先进与允许落后

“在一场变革里面我们的原则是鼓励先进，允许落后。当我们允许落后的时候，这种抱怨就不会爆发，就不会变成一种力量，因为我们允许你落后，所以，变革尽量从前面带着走，而不要从后面推着，这是一个重要的原则。”

这是北京十一学校校长李希贵先生在接受南方周末报记者采访时说的一句话。（《南方周末》2012.6.7）李希贵所说虽然是关于学校的改革，但由此我们也可以联想到教育的方方面面，尤其是在教育学生的时候，更可以借鉴这一原则。

我们的教育，历来宣扬的都是学业优秀生的“先进事迹”，并有各种各样的奖励措施跟进，为优秀学生登台亮相创设平台提供机遇，与此相对的便是对落后学生耳提面命软硬兼施：“见贤思齐”，“落后就要挨打”。这些经典的训导，似乎成了真理，常常被用来鞭策落后学生要向先进看齐，成为“先进同学”“那样的人”，就是不会说，要努力成为最好的自己。也因此不知有多少不先进的学生受尽了冷眼、讽刺、挖苦，似乎一个人生下来就应该先进的，否则，连做人的资格也没有了——君不见，在应试教育的重重围剿中，种种层出不穷的言语软暴力伤害学生，我们甚至已经习以为常。各种场合的表扬鼓励中，我们只会看到优秀生雄赳赳气昂昂的身影，落后学生则只有低头鼓掌奉命陪衬的份儿。就拿我们所说的三好生的评比来说吧，每年的三好生无非就是那些个老面孔，其他学生在学业标准这一硬杠杠面前，目无表情，事不关己。因为，他们知道，再努力，三好生的桂冠也不会降落到他们头上。对于这些学生而言，所谓“先进”的榜样示范，其实没有任何意义。

只“鼓励先进”，而不“允许落后”，其实是漠视了人与人之间所存在的差异性，是以分数论英雄的狭隘意识。我注意观察了一下，自己所任教的两个班级125名学生，从初一进校到初三毕业的最后一次模拟考试，从“名次”上看前十名与后十名的学生，基本没有太大的变化，尤其是几位排名靠后的学生，一直稳居班级最后几名并保持到了初中毕业。尽管我们成天用“先进”事迹来感召、激励，但学业落后的学生依然落后。他们也曾抱有希望，也曾为学业而努力过，但最终还是没能改变他们的命运，多次尝试失败后，认命成了唯一的选择。我们很难想象，这些孩子是如何坚持到最后一刻的。而他们的抱团取暖，也往往成了我们的口实——你看，人与群分，物以类聚。或许，我们需要真实地考问自己的心灵——“只要努力，就能成功”，可信吗？

事实上，我们出于尊重学生，往往不敢点破一个事实，比如，某某同学在学业上确实缺少天赋，所谓“勤能补拙”之类的训谕，常常让一些力不能及的学生对“先进”望穿秋水而愁肠寸断，屡屡受挫还要“持之以恒”，他们总是被迫在不如别人的方面跟别人比拼，哪怕拼得头破血流也要赴汤蹈火宁死不屈。老师们也可谓殚精竭虑，不遗余力，以好心的名义，把那些学业落后的学生强行往上拉，又是个别补差，又是上课提问，又是作业面批，赶鸭子上架的措施无不用其极，运气好的时候也确实把分数提高了那么几分十几分，然而，最后我们还是不无遗憾地发现，那些学业上比较落后的学生，即使多了这么多分数，也于事无补，他们费九牛二虎之力，也赶不上中等及以上学生。到头来，一张考卷还是把他们定格在原有的位置上。

发展是硬道理，但是，首先要讲道理。为此，我们才有必要好好地揣摩李希贵先生的话。鼓励先进的同时，也允许落后，才使因材施教有了可能。相信你看了下面几个真实的案例，会有些不同想法。

我以前做班主任时，班上有一位学生，英语从来只能考个位数，老师想尽很多办法，终于把他的英语成绩从个位数提高到了两位数——也就是十几分，可是，这个孩子为此付出了沉重的代价，每天犹如梦游般走进校园，看到英语老师就小腿发抖，听到默写就两眼失神，手足无措，总想理由逃学，更主要的是，他的其他学科依然只是在个位数上。这个班级的英语均分总算在一次考试中提高了零点几分，而这位同学干脆每到周一就“生病请假”——这个班的英语老师每次周一早上就用默写来检查双休日英语复习情况，作为班主任的我不得不动员该学生来上学，并许诺可以不参加英语默写。家长也亲自到学校来向老师求情：老师，请放过我孩子吧，我们送他来念书，能学多少读多少，孩子考不上高中也不怪老师。至今，我都忘不了那位家长的可怜巴巴的样子和那句“你就放过我孩子吧”。哪位家长不望子成龙望女成凤啊！可是，老天爷并没有那么眷顾她，可能播下龙种，连跳蚤也收不到，又有什么办法呢?

我班有一位女生，每次别人只要花 5 分钟就可以背出一首古诗词，而她 30 分钟也背不出来，有时别的同学骄傲地交卷的时候，她连第一句也写不全。每次看到她艰难的样子，我都感到于心不忍，似乎是我在折磨这孩子，后来只好每次请她照着抄写一遍，我不希望她带着怨恨学语文、上语文课、看我这个语文老师。

我班上另有一位女生，只在开学时来报到交了一下有关费用，就再也没到学校来一天。直到中考前的英语口试她才去应试了，满分 30 分她得了 25 分。可是，班上有好几位同学，每天早出晚归背着书包上学放学，一丝不苟地完成老师布置的各种作业，咿咿呀呀地念叨着、勤勤恳恳地背诵着英语单词，可是考试却不如这位未到校上学的女生。

我班有一位男生，语文从来不做作业，为此我跟他斗智斗勇了很多次，连家长也无可奈何，率先投降，可是他每次考试都在班级中上等水平，甚至有一次作业还得了年级第一名，只扣了两分。

同样是在一个教室里上课，我们有时不得不感慨，人与人，差别就是这么大。

这个世界是多元的，既需要高精尖的人才，也需要各种普普通通的劳动者。有一句话是“不想当元帅的士兵不是好士兵”，凭心而论，谁不想当元帅，可是又有多少人能当元帅呢？一支部队的元帅毕竟只有一个，需要元帅运筹帷幄，决胜千里，也需要能够冲锋陷阵，浴血奋战默默无名的士兵。

每一朵花都有盛开的理由，每一个生命都值得尊重敬畏。孩子的成长由多方面因素决定，如果他能长成一棵大树就能给人遮风避雨，如果他能长成一片小草就能绿茵大地。“允许落后”，就是正视人与人之间的差异性，就是精心呵护每一个学生的生存权利。人生不是百米冲刺，而是一场马拉松长跑，起起伏伏，坎坎坷坷，都将是常态，就算是真的暂时“输在起跑线上”，未必就是真正的落后，未必就是最终的失败。

扔掉那些骗人的励志鬼话，摒弃那些没有人性的口号标语，让教育回归到真实自然状态吧。我们在鼓励先进的时候，也请“允许落后”——别忘记“落后”学生一样拥有尊严。

老师，我也想批改

我的好多事情都是学生帮我完成的，比如，批改默写之类的工作。虽然不符合有关规定，但我坚信，懒惰的老师会培养勤劳的学生，并不是所有的事情都由老师包办代替，就会受到最佳效果。一般情况下，我会把全班分为八个小组，在默写完毕之后，每个小组长快速地收好默写本，集中到讲台上，负责批改的同学则会很快来领任务。由于在课堂上完成，因而，负责批改的同学一般都是我挑选的语文学习比较优秀的同学。他们在批改的时候，其他同学就在做下一阶段的学习任务，因此，负责批改的同学会比其他人多一份辛劳，而少一些学习时间。

今天小张对我说，老师，我也想批改默写。我说，为什么？小张对我说：因为我觉得批改作业本是一件光荣的事情。我有些意外，小小的批改作业，居然有这样效果。我笑着答应了他。上课的时候，我们默写唐诗完毕后，就告诉同学们，从今天开始，原来负责批改的八位同学光荣下岗，把更多的机会留给其他同学。我说他们已经做这项工作很长时间了，对他们的付出我们表示感谢。同时，我说今后我们的批改任务将轮流由同学来完成。我征求意见的时候，不少同学向我投来希望的眼神。于是我分别请了四位男生和四位女生，基本上是随机选出的。

学生提出这个建议，引发了我的一些思考。为什么学生要做这个出力不讨好的事情呢？很多时候，学生把帮助老师做一些力所能及的事情，当作一种快乐和信任。学生不是不喜欢与老师接触，而是老师不给学生机会。久而久之，学生逐渐疏远了老师。甚至会觉得，与老师接触，那是一部分人的特权，诸如科代表、班长等“班干部”。我曾经问几位经常出黑板报的学生，你们利用业余时间来做这个事情，不觉得累吗？学生告诉我，很高兴啊，因为有机会展示自己的才华，而且也锻炼了能力，为什么不高兴呢？另一位同学则调皮地对我说：“累，并快乐着！”让更多的学生参与批改，有利于这些学生多一次学习的机会，毕竟，他担当这个工作，是要一种责任心的。在批改过程中仔细校对，辨别，无意中也会加深自己的印象。让大家都参与到这个事情中来，也让同学能换位思考，互相理解，多一份体谅。何乐而不为？

在我的班上，哪怕是发一次练习本，也有学生争着去做。有时我们担心这些学生做不好工作，其实是我们指导工作没做仔细，没有到位。比如，以前我发现同学发练习本的时候，有的从空中抛过去，或者从第一排开始往后传，结果，每逢发本子时，教室里就会乱作一团。后来，我要求学生不传、不抛，轻轻放在同学的桌上，效果果然很好。这样的要求并不高，每个学生都能做到。我们班的小张同学，原本对语文学习一点兴趣也没有，作业不做是家常便饭，考试成绩也保持倒数第一。跟他谈话，站立的姿势不正，眼睛不正，似乎老师是他的敌人一般，好像老师找他，除了找茬，就没有别的事。有一次，我上完课不便拿电脑包，看他正好走到讲台边，便顺便请他帮我拿到办公室去。他愉快地答应了。临走的时候还高高兴兴地对我说了一句：老师再见。我的记忆中，他几乎没有正面跟我打过招呼。这一次倒让我有些意外。我说，以后有什么事儿尽管来找我啊。他高兴地走了。后来，我下课的时候，他经常走到讲台边，还问问我要不要帮我把电脑送到办公室。我也乐得让他走一趟。这学期，他的语文学习一下子找到了感觉，每次默写都要争着第一个交本子。有时可能是贪图速度，质量不高，我还要提醒他，不一定要第一个交本子，第二、第三也不错，关键是要保证正确率。

曾几何时，老师要请学生帮忙做一些学习上的事情，总是请那些成绩优秀的学生，觉得任务交给这些孩子去做才放心。其实这是一种误区。每个学生都希望自己的价值得到别人的认可。他们在学业成绩上也许暂时落后于他人，但并不表示，他们做事的风格上就天生不如别人。尤其需要注意的是，学习困难的学生不是“专门负责”打扫卫生时才享有“特权”，在学习上，他们也有平等的权利。把诸如批改默写之类的事情交给这些同学去做，既让他们体会到老师对他们的平等态度，又能帮他们找到应有的自尊，感受到是班级这个集体中真正的一员。

所以，帮助学困生进步，有时只要一个小小的契机。

讲了也不会，何必再讲

山东潍坊的课程教学改革经验中，有个“三不讲”：学生自己已经学会的了的不讲，学生自己能学会的不讲，老师讲了学生也不会的不讲。

这三句话，其实真正看来不过是教育教学的常识，但是，常识在当下教育教学中，却成了“成功经验”，有时真令人有种说不出的滋味，莫非教育者首先要进行普及常识？

前两句话，没必要说，第三句话，我是有感而发。比如，教学研讨会上，我就曾听到一位老师这样说：一道题目，我讲一遍学生不懂，那么，我就讲两遍，三遍，四遍……我就不信，讲了十遍，他还是不懂。

说实话，听了这位优秀教师的发言，我除了敬佩这位老师的坚持不懈的精神外，我都怀疑，换了我，一定要精神崩溃的。一道题目，要讲十遍才能让学生懂，那么，教育就变得简单了，因为，只要重复，就可以百炼钢化作绕指柔，一切问题都可以迎刃而解。如果这是经验的话，那么，以后我们改变学生的落后面貌，就有足够的信心了，推而广之，这位老师的经验的确是成功的话，我愿意牺牲一下自己，遇到这样的学生，我愿意讲一百遍。可惜，这只是假设。

这里请让我以小人之心度一下君子之腹。

首先这位老师的教学有问题，而且不是一般的问题，是很严重的问题。原因何在？当然，首先是老师的教学能力不敢恭维。原本应该一遍讲清楚的事情，老师却要讲十遍，老师就要很好地反思自身是不是表达不清楚，或者是没有立足学情，而不是在这里炫耀自己如何如何一而再再而三地机械重复。如果是学生没有用心听老师的教导，那也不是仅仅靠重复来解决，而应该让学生学会专心听讲才是，好的习惯是可以迁移到以后的学习的。如果是学生根本就无法理解老师所讲述的内容，出现知识跳脱，思维断裂，那么，老师应该摸清学生的状况，找到症结所在，然后有的放矢地弥补空缺，搭建梯子，使学生能拾级而上，最终完成解答。如果是学生学习能力根本无法企及，那么，请恕我直言，放弃也许是最佳的选择。否则，任你如何吐沫星子飞流直下三千尺，学生也是听得云山雾罩，稀里糊涂。纵使学生能在老师讲了十遍之后貌似懂了，会了，我看也不过是一时的强化记忆，学生依葫芦画瓢，暂时记住了表象而已，解决问题的路径，理解问题的前因后果，知识框架的建构，还是一片海市蜃楼。如果老师再来个举一反三，估计会令老师的自信心大受刺激。学生还是不会，那么是不是要再讲三十遍呢?

有不少老师出于良好的初衷，抱定了一个宗旨：不让一个学生掉队。于是，在课堂教学中，常常为了让每一个学生都能达到预期教学效果，哪怕是一个浅显的问题，也要反复强调，再三检查。一些学习能力薄弱的学生成了课堂上备受关注的“宠儿”。几乎是每一个问题，都要以班级的最后一名学生为起点，直到他圆满回答，老师才满意地点点头，说一声：请坐。其实，如此做法是多么的低效甚至负效。课堂四十五分钟，是属于每一个学生的，尤其是在班级授课制的条件下，一个非常容易的问题，对大多数学生而言，其实不成问题，但他们也被绑架在老师与落后学生的极其无聊的对话中。有时对一个问题的纠缠不休，忽略了更多学生的感受，他们要么看西洋景，要么百般无聊，要么就陪着哈哈笑，老师自己一次次地纠结着“要不要继续下去”，而一次又一次挫败的落后学生，也是更加丧失信心。毕竟，在大庭广众之下把自己弱势的方面都暴露出来不是一件光荣的事情，加之其他同学的嘲笑和不满，往往更令这些学生羞愧难当，无地自容。他们越来越害怕被老师请出来回答问题。因为，再简单的问题，对他们而言，可能都是一道道难以越过的高山。有人曾提出理想的说法：因材施教。意思是，在课堂教学中能够针对不同的学生状况，提出不同的问题，并美名其曰“分层教学”。我至今也没有弄明白的是，当老师为一个张三同学解决问题的时候，李四同学该干吗？你能保证其他的几十个同学都会自觉地学习吗？暑假里听周彬老师讲座时，他也理性地提到这个问题，并一针见血地指出，当前课堂教学的低效，很多时候，就是老师把80%的精力花在20%的学生身上，而置更多的学生于不顾，这难道不是另外一种“不公平”？

孔子云：“举一隅不以三隅反，则不复也。”我们且慢盲目乐观地提出“举一反三”，首先还是理智地想想，孔子这句话的真正含义。当我们老师失声哀叹“把流水泼到筛子上去”的时候，当我们老师无奈地摇头“种下龙种收获了跳蚤”的时候，当学生用近乎哀求的语气恳求“老师放过我吧”的时候，当我们老师千辛万苦苦口婆心却换来学生的极不耐烦地说“老师，你为什么总要盯住我”的时候，我们还是“不复”为好。

讲了也不会，那就不要再讲了。

第三章

把握教学生成，洞悉认知方式

没有预设的课堂是不可想象的。古人说："凡事预则立，不预则废。"课堂教学是一种有目的、有意识的教育活动，预设是课堂教学的基本特征，教师在课前必须对教学目的、任务和过程有一个清晰、理性的思考和安排；在课堂上也需要按预设的方法开展教学活动，以保证教学活动的计划性和效率性；教师对教学活动中可能出现的"意外"和结果也需要有充分的预期。尽管预设的水平有层次之分，实施预设的艺术有高下之别，但预设是保证教学效益和教学质量的最基本要求。

仅有预设的课堂是不精彩的。新课程下的教学观决定了课堂不仅是预设的，也是生成的。学生作为鲜活的生命主体，总是带着自己的知识、经验、思考、灵感、兴致参与课堂活动，以自己原有的知识经验对教学内容进行建构，因此在课堂上常常有"意外"，这种"意外"是无法预设的。也许因为生成，所以才有精彩纷呈、闪耀着智慧灵光的教学场景；也许因为生成，所以才有我们对学生认知方式的了解，才可能开展更具针对性的教学活动。本章主要从恰当把握并有效处理课堂教学生成阐述对学生认知方式的了解。

蝴蝶飞进窗口

数学课上，教室里飞来一只花蝴蝶。“花蝴蝶，花蝴蝶”，一个小朋友兴奋地喊着。大家都朝着他指的方向望去。这下坏了，不管我用眼神、动作语言如何暗示、提醒，都不能把他们引到课堂上来，当时的我，怒上心头，真想狠狠地训他们一顿，但转念一想，幼儿天真活泼，他们对这个奇妙的世界充满好奇，我怎么忍心扼杀他们的好奇心呢？

冷静数秒钟之后，我径直走到蝴蝶面前，对着它说：“花蝴蝶，你好，欢迎你来我们班做客。”此时，小朋友们个个情绪高涨，纷纷向蝴蝶问好。我趁机侧耳作倾听状，让幼儿的注意力集中到我身上，然后我作传达：“小朋友们，花蝴蝶说，今天来看我们班的小朋友学本领！大家想不想跟蝴蝶做好朋友呀？”“想”，全班幼儿异口同声地回答。我立即边示范边讲解按图形分类。当幼儿动手操作时，他们特认真，都怕蝴蝶不跟他做朋友。

教学活动结束了，收到良好的效果。这时，我把蝴蝶请下来，蝴蝶好像明白我的意思，在幼儿中间飞来飞去，全班幼儿别提有多高兴，顿时跟蝴蝶一起“飞”起来，场面热闹极了。

适时利用大自然的生物，结合幼儿的年龄特点和好奇心，灵活地进行引导、教育，会收到意想不到的教学效果。

读这个案例，我一点也没有要为这位教师对大自然生物“适时利用”的时机把握和“结合幼儿的年龄特点和好奇心，灵活地进行引导、教育”的教学机智而喝彩的冲动，我一直这样认为，真正懂得教育的，并不是只为所谓的“意想不到的教学效果”所陶醉。

“意想不到”是相对于教学预想而言的。这堂课，教师的教学预想是：在教师的讲解和示范中，这个班的小朋友能进行图形分类。如果预想的学习能级要求高一点的话，要求小朋友不仅能分类，而且能不分错，这是教师的教学目标，是教师希望通过自己设计的一个个教学环节去完成的教学任务。

出于教学的预设就叫“意外”，也就是“意想不到”。这堂课出现了怎样的意外呢？一是过程中的意外出现。教师没有想到在课堂教学过程中会有一只花蝴蝶飞进教室，就因为这一只蝴蝶的突然降临而分散了小朋友全部注意力。二是教师的意外选择。教师将原本想“狠狠的教训”转变为对世界充满好奇心的小朋友的“诱拐”。三是教学效果的意外“精彩”。学习活动顺利结束，教师对自己的教学应变是欣慰的，对小朋友学习图形分类的效果是满意的。

听过很多小学里的课，心中一直有解不开的结，我们启蒙教育的立足点到底应该在哪里？许多时候，我们总是把教育的目标指向知识与技能的落实，教师教学的起点和归宿点，以小朋友是否掌握了知识和技能为中心，在课堂中为知识和技能教学而服务的教学艺术显得异常的明显。许多场合，我们没有顾及孩子的身心特点，而用成人的精心设计演绎着抽象思维的故事。在长期的超常规思维和过分的技能训练中，不是自己的棱角被消磨，就是厌倦学习的情绪产生。

启蒙教育是一种心灵的唤醒。雅斯贝尔斯在《什么是教育》一文中指出：教育是人的灵魂的教育，而非理智知识和知识的堆积。教育本身意味着：一棵树摇动另一棵树，一朵云推动另一朵云，一个灵魂唤醒另一个灵魂。有灵魂的教育意味着追求无限广阔的精神生活，追求人类永恒的终极价值：智慧、美、真、公正、自由、希望和爱，以及建立与此相关的信仰。对于儿童来说，他们需要的不是共产主义的远大理想，不是热爱祖国的空洞口号，也不是从幼儿园开始去背自己根本不理解的唐诗宋词和根本弄不懂的抽象概念，他们需要的是在生活中懂得规范，在交往中知道规矩，在“游戏”中遵守规则。我们的目光不能只停留在纠正孩子的“错误行为”上，而应该引导孩子知道什么是正确的，什么是不正确的；什么是要倡导的，什么是应该摒弃的；什么是应该做的，什么是不应该做的，如果能做的但存在一定困难，怎样克服困难做好它，怎样的习惯才是良好的习惯等方面上。

启蒙教育是一种对生命的尊重。苏霍姆林斯基在《把整个心灵献给孩子》一书中给教育下的一个定义是：“教育——首先是人学。”我们可以反省我们的教育观念，在追寻教育理想的时候，我们有没有关注孩子的生命。关注生命意味着了解孩子的需求，同时能保护好孩子的好奇心，满足和发展他们的求知欲；尊重生命意味着认同孩子的发展差异，促进他们个性特长的发展；尊重生命的最高境界是对生命的赏识。蝴蝶飞进窗口，孩子注意转移，这实在是天性使然，绝对不值得大惊小怪；教师依据课堂的动态生成，适时地进行策略调整也是情势的必然；这堂课真正的意外，在于我们平时一直高度关注的情感、态度、价值观的教学目标在不经意之间得到了落实。在这节课上，小朋友们在老师的引导下有了和蝴蝶做好朋友的强烈愿望（情感被激发出来了）；也有了在学习实践时特别认真的学习态度（态度转变了）；还和蝴蝶一起“飞”了起来（价值观陡然提升了）。

苏霍姆林斯基这样说：“课堂是反映教师的一般修养和教育素养的一面镜子，从中可以看出他有多少智力财富，他的见识和他的博学程度。”

我们的俗语：“教有法，但无定法。”它的意思是，教育是有自己的规律的，但教育的方法绝对是多元的。优秀的教师总是依据教育规律从事教育工作并使教育走向艺术化，从而获得最佳的教育效果。

你们在笑什么

兵无常势，水无常形。世界没有相同的两片树叶，可以这样说，教学中也绝对不会有如辕一辙的课堂。课堂教学的不变是相对的，变化是绝对的。《课堂教学应变案例与指导》一书详细地为我们阐述了教学变故的概念、类型、特征，通过生动翔实的案例提出了应对教学变故的策略。对我们一线从事教学的老师来说应该具有具体的指导价值。下面我们从两个案例中看教师的应变智慧。

案例一

一位教师教《狼牙山五壮士》一课。在检查预习情况时，一个平时沉默寡言的学生小柳站起来一本正经地说："老师，课文里多了一个字。"

"多了一个字?"老师感到有些疑惑，便追问说，"多了一个什么字?"

"多了一个'铁'字。"小柳很自信地说，"课文里面有这么一句话：'班长斩钉截铁地说……'班长名叫斩钉截，后面不是多了个'铁'字吗?"他的话音未落，教室里顿时炸开了锅，有的学生笑得前俯后仰。小柳见大家这么一笑，脸涨得通红，手足无措，十分尴尬。这时的老师说了这么一句话："哦，你的意思是班长姓'斩'，名叫'钉截'?"结果学生笑得更厉害。这时小柳羞得无地自容，从此，他再也不愿意举手发言。

案例二

一位老师教《就义诗》，一个学生在朗读课文时把"还有后来人"误读成

“还有后人来”。大家听了都哄笑起来，教室里的严肃气氛顿时化为乌有。怎么办呢？但见这位老师神态自若，从容不迫地问：“同学们，你们在笑什么？这位同学念的意思并没有错啊！”经她这么一说，教室里静了下来。她接着说：“‘还有后来人’意思是‘还有接班人’；‘还有后人来’意思是‘还有人接班’。”这时教室里鸦雀无声。教师又亲切地说：“当然，意思不变，并不等于这位同学读对了。他之所以念错，是由于没有看清楚的缘故。如果仔细看，认真读，就不会出这种不应该的差错了。我们请他再为大家朗读一遍，好吗?”

学生们听了情不自禁地鼓起掌来。这时，那个站着的学生情绪更加激昂地读了起来。

从原因上说，教学变故可以分为内容性教学变故、纪律性教学变故、环境性教学变故和混合性教学变故。内容性教学变故是与教学内容相关的事件，具体又可分为知识性教学变故、能力性教学变故和认识性教学变故等；纪律性教学变故是与课堂纪律有关的教学事件；环境性教学变故是与教学环境相关的教学事件；混合性教学变故是由于多样原因引起的教学事件。

从性质上说，教学变故有良性教学变故、中性教学变故与恶性教学变故三种。

从起因的主体上说，教学变故可分为学生引发型、教师引发型、环境引发型和混合引发型。

从认知心理上说，教学变故可分为认知因素型和非认知因素型两类。认知因素型是指学生在课堂上提出的与教学内容相关的问题，可能是学生提出偏题难题或怪题，或是教师的教学错误，或是学生认知偏差；非认知因素型是指课堂上学生的恶作剧和课前制造的麻烦。

上述两个案例，属于内容性教学变故，都是由于认知因素造成的。两位老师不同应变处理导致了两种完全不同的结果。第一位老师对问题的简单处理，让学生无地自容不说，更挫伤了一个孩子的自尊，伤害了学生的学习积极性，这样的结果是非常可怕的，造成这一结果的根本原因就是教师对学生认知发展水平的无知和课堂教学智慧的缺失。第二位教师处理教学变故的艺术在于首先是对哄笑的同学进行了委婉的否定，一句“你们在笑什么”实际是告诉学生，在学习的共同体之中，嘲笑学习出现差错的同学是不可以的，因为任何一个同学在学习时都不可能没有差错。其次，老师充分利用汉语表意的丰富性和多样性，巧妙地给学生一个台阶，这是对学生积极性的有效保护。第三，老师的高明就在于不是对学习结果的否认和批评，而是让学生心理认同以后指出了出现差错的原因，这样更加有利于学生知道出错的原因并在日后引起警觉并努力加以改正。还有一个意外的收获，就是良好的学习共同体建设，互信尊重理解和谐的学习共同体的形成，有时并不需要太多的要求，它隐藏在课堂教学的细节之中。

他，看上去有点像黑社会的老大

教学案例

教学对象：刚进入初中的七年级学生

教学内容：弄清正面描写和侧面描写的区别

教学过程：老师用投影片出示了这样一个文字片段：

其时进来的是一个黑瘦的先生，八字须，戴着眼镜，挟着一叠大大小小的书，一将书放在讲台上，便用了缓慢而很有顿挫的声调，向学生介绍自己道：

“我就是叫作藤野严九郎的……”

后面有几个人笑起来了。他们是上学年不及格的留级生。他们向新生介绍这位先生说他穿衣服不讲究，有时会忘记带领结，冬天是一件旧外套，寒颤颤的，有一回上火车去，致使管车的疑心他是扒手，叫车里的客人小心些。（选自鲁迅的《藤野先生》略有改动）

师：读了这段文字，这位叫藤野的给你留下了怎样的印象？

生1：（略作思考）我觉得他是一个高深莫测的人。

生2：（迫不及待）他，看上去有点像黑社会的老大。

……

顿时，课堂的气氛异常活跃，很多同学表示赞同……

师：（诧异地）“你是怎样看出来的呢？”

生：我是从“黑瘦”“八字须”“戴着眼镜”等方面看出来的。

师：你是根据他的外貌判断出来的。那么这段文字还对人物进行了哪几方面的描写？

生：还写了藤野的动作和语言。

师：请你们综合起来分析一下，藤野像“黑社会的老大”吗？

生：不像。

通过讨论，学生明白：写人物的肖像，动作，语言是正面描写，留级生的介绍，是侧面描写。把两者结合起来看，藤野是一个不注意生活小节的人，是一个把主要精力放在学问上的人，也是一个比较温和的人。

在教师的引导下，虽然顺利地完成了教学任务，但藤野像“黑社会的老大”的声音始终在老师的耳际回响。课后，老师对自己的教学进行了深刻的反思。

就认知的心理过程说，初中学生的认知，已不再从零开始，他们已经有了不少的认知经验，这些认知经验以不同的图式储存在大脑中，是为认知的“前结构”。当新的事物作为某种图式出现时，就可能激活原有的图式，于是新旧知识便建立联系，在同化和顺应中形成新的图式。课前，教师对依据认知发生论设计的这一教学情境很是得意，期待通过“先行组织者”为桥梁，建立新旧知识之间的联系。但是老师忽略了两个非常关键的因素：即新旧知识建立联系的背景及其学生系统整合信息的能力。

在没有背景下的知识联系，学生的直接经验常常影响到他们的学习结果。在学生原有的认知图式中，黑社会老大多是在灰色的氛围中粉墨登场的，特别是在一些影视作品中，昏黑的背景，恐怖的音乐，一身黑色的衣服，戴着的墨镜。把藤野先生当作“黑社会老大”实在是一种错误的直觉。但这不能怪学生，因为老师在提供这一资料的时候，并没有告诉学生这是鲁迅先生在日本仙台学医时遇到的给鲁迅先生留下终身难忘印象的老师的相关背景。

就初中学生的思维水平而言，很难要求他们在简短的观察和思考中一下子综合多方面的信息，形成具有整体性的概念。他们尚缺乏全面获取信息的能力，还不具备思维广阔性的特征，更不具备在短时间内整体分析整合信息的敏捷思维的能力。认识这一点，就没有理由认为，这样的答案是学生认知的浅薄或无知。

有时我们经常犯经验主义的错误：以成人的认知水平去估计学生现有的认知状况，总是这样说，为什么这么简单的问题我们的学生都弄不懂，这些学生真是太笨了。殊不知，真正的“笨”者不是学生，而是我们自己。

我们能不犯这样的错误吗？能。这就要求我们教师遵循教学中的一个基本原则，就是充分了解学生的学习现状，根据学生的已知，找到恰当的切入点，确定学生能够接受的程度，让学生在一定的知识背景中逐步“同化”教学信息，从而形成新的认知图式，为更高层次的学习奠定基础。

解决这一问题的办法是什么呢？一句话，就是将成人的理性学生化。所谓成人的理性，就是教师凭着自己的认知水平和生活积淀，用成人的眼光审视教学材料，带着成人的理性和情感设计教学，思考着怎样将自己的理解让学生接受。所谓成人的理性学生化，就是在教学时始终以学生的认知水平为起点，在教学中让学生以自己的兴趣爱好感知材料，引导他们进行多元的感性和元认知的体验。如在教学鲁迅先生的《从百草园到三味书屋》一文时，老师常常从四个维度带着学生去认识作为“乐园”的百草园：一是叙事的角度，即百草园的自然之趣、故事之趣和捕鸟之趣；二是选材角度，即作者分别从自然、人文、生活三个角度选取写作材料；三是写作角度，正常是按照春夏秋冬的顺序，但为了丰富百草园的情趣，作者运用了插叙，用美女蛇的故事突出了百草园的神秘；四是从语言角度，去分析作者用精妙恰当的语汇描述了儿童的心理和情感，这就是成人理性。

虽然这样的理性解读具有相当的深度，但从学生接受的角度说，这样的教学对学生的接受具有相当大的难度。如果想获得预期的教学效果，让学生感受到教师对文本理解到的独特的情感体验，教师应该在自己的理性和学生的感性之间架起一座沟通和联络的桥梁。具体的方法是：第一，引发学生的童趣。从认知心理学的角度说，儿童的认知是不带任何功利的，它以是否有趣和好玩为标准。孩子对自然动植物的好奇，为神奇故事所吸引，因捕鸟而忘情，这是他们的天性。教学中，可以从询问他们的童年兴趣爱好入手，唤起他们对童年生活的回忆，从而感受到童年生活的乐趣，让他们的乐趣和作者童年生活的乐趣对接，建立学生认知和作者认知连接的桥梁。第二，引导学生的理趣。教学《从百草园到三味书屋》，教师应该引导学生从体会具有儿童心理特征和情感的词语入手，如“碧绿”“光滑”“高大”“紫红”；“鸣蝉”的吟，“肥胖的黄蜂”伏，“轻捷的叫天子”窜；在泥墙根一带听“油蛉”的唱，“蟋蟀”的琴，看蜈蚣和斑蝥，拔何首乌，摘覆盆子等，品味出在字里行间流露出来的情感，再引发学生去思考作者所写的事，选材的角度和写作的顺序，作者这样写，肯定是有道理的，可以说是对自然的喜欢，也可以说是对生活的热爱（或许非常牵强），一言以蔽之，是为了表达对百草园生活的难忘，也为了比照三味书屋生活的枯燥。这样教学的效果非常好。

今天，你们都感冒了吗

这是一堂金属的化学性质的研究课，教材安排了演示实验与探究实验的结合，考虑到演示实验现象不能让全体学生都清楚的看见，于是教师把演示实验改成了探究性的学生实验，以此培养学生的探究能力。

探究铝和稀硫酸反应的实验开始了，由于铝表面有一层致密的氧化膜，刚开始时无气泡或气泡很少，随着氧化层的减少，气泡才逐渐增多，耗时较长，为了与铁和稀硫酸的反应作对比，老师要求学生加热以加快氧化膜的减少，较快地对比铝、铁和稀硫酸反应时的不同现象，学生们兴致盎然地加热着，实验现象按预想的发生着。但是，意想不到的是，学生们和我不由自主地咳嗽起来（这个实验生成的氢气一般不会引起咳嗽）。教师灵机一动，这不是培养学生探究能力的很好的生成资源吗?

老师问："同学们，今天你们都感冒了吗?"

学生们齐声回答："没有!"

"那么，我们为什么都咳嗽呢?"

学生们都露出疑惑的表情，老师乘机追问："同学们能猜猜其中的原因吗?"

于是，学生们热烈的讨论起来。

学生提出了各种猜测：

"可能有二氧化硫生成了"。

“可能是铝中有杂质”。

“可能是硫酸中的杂质挥发出来了”。

“可能是硫酸蒸发了”。

……

有一种学习方式是实践探究，有一种能力就是自己依据现实的问题进行假设猜想实验论证的综合探究能力。在课堂上，老师真的很惊讶，惊讶于学生思维的灵敏性，惊讶于学生思维的开拓性，因为很多想法我都没有预见到。这就是课堂中的教学生成，老师进行了非常有效的处理：在对同学们的猜测给予充分肯定后，老师把全班学生分成四个小组，请学生在课后根据不同的猜测设计实验或查询资料进行探究论证。

课后，学生们积极地查询资料和实验探究。第二天，四个小组都有了自己的结论，前三小组同学都否定了自己的猜测，并向全班同学叙述了自己的理由，第四小组同学在课堂上用实验证实了“引起咳嗽的是硫酸蒸发形成的酸雾”的猜测：他们分别在常温和加热条件下做了探究实验，结果在常温下实验并没有引起咳嗽，咳嗽是什么原因呢？经过与学生讨论，一致认为：由于实验时加热时间太长，加上这个反应本身也是个放热反应，使试管内的硫酸蒸发出来，在空气中形成酸雾，刺激咽喉，引起了咳嗽。这时，老师和学生们都露出了会心的微笑。

课堂教学中往往有不能预见或设计的动态的生成资源，这种资源的有效利用，不仅可以激发学生的学习积极性，更能为学生的可持续学习找到支撑点，从而培养学生的科学探究精神，提高学生的探究能力。但是这种资源是稍纵即逝的，它依赖于教师即时的捕捉能力，需要教师敏锐的发现能力和反应能力。这种能力需要教师对新课程理念的透悟，需要教师的角色定位。教师的眼中不能只有书本知识，教师的心中不能只有我今天教学任务的完成（把今天要讲授的知识传授完成），它要求教师以学生为主体，以发展学生的学习能力为着眼点，这样才能利用一切可以利用的学习资源，才能让学生带着情趣，带着问题进入课堂、离开课堂，学生的思维品质、观察能力和探究意识才有可能得到强化。

从学生的角度分析，学生的学习潜能是巨大的，只要教师能机智地引导，他们的潜能就有可能得到释放，学生的学习就有可能焕发出生命的活力。学生的咳嗽看似微不足道，但一旦被有效利用，就成了学生后续学习的增长点，事实证明，学习中学生不是待灌的瓶，而是一团待然的火，他们的成功全在于教师机智的点燃。

老师，我的量角器断了

一位教师上“角的度量”一课。老师在指导了学生如何使用量角器度量角的度数后，学生开始了实践活动。活动中，绝大多数学生掌握了如何用量角器去度量锐角、直角和钝角的方法，教师十分满意。就在这时，一个学生喊道：“老师，我的量角器断了，还有一个钝角的度数没有度量，怎么办?”

听课的老师嘀咕：借一个量角器给他不就行了。

该教师并没有这样做，而是趁机抛出了一个问题：“小鹏的量角器断成了两半，它还能量角吗?”球就这样抛给了学生。

“那小半块量角器肯定不行了，因为它没有中心点。”一个学生说道。“那大半块上面有中心点，还有刻度，应该可以量。”另一个学生紧接着补充道。“可是小鹏要量的是钝角，那大半块量角器也不管用呀。”一个学生提出了质疑。“怎么解决这个矛盾呢？请同学讨论一下。”

教师的话音刚完，听课教师就会心地笑了。接下来，教学的闪光点出现了：“先利用三角板上的直角，在所量的钝角上画出一个直角，再利用那大半块量角器去量余下角的度数，用量得的度数加上90°，就是原来钝角的度数。”有一个小组的学生说出了本组的方法。

“可以把这个钝角分成两个锐角，用大半块量角器分别量出两个锐角的度数后再相加，就是所量的钝角的度数。”另一个小组的学生谈出了不同的方法。

“老师，还可以把这个钝角补成平角，量出补上的锐角的度数，再用180°减去补上锐角的度数就行了。”另一小组的学生迫不及待地进行了补充发言……

“只有智慧的教育才能培育出智慧的人，只有智慧的老师才能培育出智慧的学生。”上面那位老师无疑是一位好教师，是属于智慧型的教师。他的智慧在于把教学的意外转变成为教学资源，创设了“小鹏的量角器断成了两半，它还能量角吗?”的问题情境，引导学生合作探究，将教学由开始的“使用量角器度量角的度数”的技术技能层面上升到开启学生的思维发展的层面。这不是简单的提升，而是智慧的提升。

智慧对于从事精神活动的教师来说非常重要。一般认为，智慧源于实践，但我们发现，不是所有实践者都有智慧。教育的智慧只光顾那些有准备的教师，我非常赞同郭元祥教授的观点：要迎接教育智慧的到来，教师必须做好三个准备：教师的个人知识管理、教育学理解和教育机智。

知识管理是一个组织或个人对知识的获取、存储、学习、共享、创新的管理过程，目的在于提高组织或个人知识工作的生产力，提高组织或个人的应变能力和反应速度。所谓教师的个人知识管理，是指教师个人运用知识管理的理论和技术，对校内外专业知识作持续有效地获取、存储、应用和创新的过程，是教师个人的显性知识与隐性知识进行有效整合、利用与创新的过程。这一过程大致包括以下几个阶段：第一，知识确认。教师必须清晰地认识到从事教育专业工作和具体教育任务个人所需要的知识类型及其结构；第二，知识采集。教师自主地通过各种途径搜集、吸收教育活动内外的知识信息，并有效地进行知识信息的筛选；第三，知识组织。将所搜集、吸收的知识信息进行重新组合，形成新的教育情境需要的知识结构；第四，知识分享。教师将知识传递给活动对象；第五，知识的应用。教师将知识应用到教育情境的问题解决过程之中；第六，知识的创造。教师在教育场景通过知识的应用与更新，产生新的知识。

教师个人知识管理的方式是多样的，包括读书、学习和接受培训等，教师个人知识管理的目的在于充实与更新专业背景下的知识结构，促进个人隐性知识向显性知识的转化。可以想象，一个不重视学习的教师，是很难实现个人认知结构的重组的。但是对于教育智慧来说，仅有知识是不够的，它需要教学反思。教学反思是教师对专业行为的一种内在的深刻思考，是比照一定的教育理念和核心价值观对教育行为方式的一种内省。美国心理学家波斯纳认为，没有反思的经验是狭隘的经验，至多只能是肤浅的知识。肤浅的知识不可能成为一种智慧。

按照加拿大学者马克思·范梅南的观点，所谓教育学理解，是指“一种敏感的聆听和观察”。作为教育学理解的“聆听”就是理解，只有“敏感地聆听”学生，才能走进学生，理解他们的认知、情感、思想和行为方式；作为教育学理解的“观察”，就是洞察儿童内心世界的能力。

教育机智是教师在复杂的教育情境中面对教育问题所表现出来的迅速、准确、灵活、恰当地进行行动的能力。教育机智首先表现为克制或耐心，其次表现为对孩子体验的理解，再次表现为尊重学生的主动性，第四表现为润物细无声，第五表现为教师对情境的自信，第六表现为临场的天赋。

教师的教育智慧需要积累、反思和领悟，更需要教育思想、教育理念的觉醒。愿我们成为一个智慧型的教师。

重奖当属谁

案例：由“鸭子”故事引发的话题作文教学

时间：2002 年 4 月

人物：广东省湛江第一中学钟世焯老师（中学语文特级教师，学校里人称“大钟”）、钟和军老师（信息技术教师，网名“蓉子”，学校里人称“小钟”）

背景：钟世焯老师担任高二（1）班的语文课。每节课上，他都要进行“课前三分钟口语训练”活动，要求学生根据所给定的材料，按学号顺序到台上演讲或辩论。其目的在于通过这种方式进行“思维”和“思路”训练，并学会如何从“就事论事”“就事论理”，向“借题发挥”发展，从而提高学生的写作能力。钟和军老师在网上相当活跃，还主持了国内知名的“K12 信息技术教育论坛”，每天来自全国各地的一线教师、教研员、教育工作者、报刊编辑等，聚集在论坛上一起交流和研讨各种教育话题或实践经验。

“两钟”同在教研室上班，相互之间也常常探讨语文教学、网络教学以及许多教育话题。

主要事件和过程：

1. 引入故事（第一次讨论）

在课堂上，大钟老师给高二（1）班的同学讲述这样一则寓言式的故事：甲乙丙丁四人外出野游。甲发现一只野鸭，乙立即举枪射下野鸭，丙飞快地把野鸭捡回，丁主动把野鸭弄净并烧成美味佳肴。最后四人共享丰盛的晚餐。请问：若要重奖贡献最大者，重奖当属谁，理由何在？

于是学生们纷纷发表意见并阐述理由，结果认为“重奖丁”的观点占了绝大多数，理由是：他的工作最有奉献精神和最有价值，如果不是他把鸭子拔光了毛并调味制作，大家就无法吃上烤鸭了！

2. 观点分化（第二次讨论）

第一次讨论后，从交来的作文中大钟老师发现未能达到预期的目的，他心里嘀咕着：为什么就没有人认为应该重奖甲呢？“发现”才是最重要的啊！于是大钟老师又组织了第二次讨论。

课堂上，大钟老师说：“上次‘鸭子’故事的讨论，大家意见都统一了吗，再也没有别的看法了？”一位学生提出“重奖乙”，理由是：如果没有他那一枪，鸭子怎么也掉不到地下，所以说他的工作起到了决定性的作用。但坚持奖给“丁”的同学马上给予了反驳。于是争论又趋激烈，观点开始分化了！

3. “两钟”交谈

办公室里，大钟老师向小钟老师简要讲述了前段学生讨论的情况和经过，然后问：“为什么学生不认为‘发现’才是最重要的呢？”小钟老师思考了一会儿，说：“这个故事很有意思！我把它搬到网上，让老师们也来争论一下吧！”于是，小钟老师把这则故事整理了一下，便在K12网站的几个论坛上贴了出去，其中在小钟老师主持的“K12信息技术教育论坛”上教师的讨论尤为激烈。

一位网友总结得很有意思：“应该感谢甲的眼——慧眼，感谢乙的手——枪法准，感谢丙的脚——跑得快，感谢丁的心——主动热情。若要说吃到这佳肴最少不了的还是乙哦，所以乙该重奖！”

还有一种观点也很有代表性：“发现是基础，打死是关键，捡到是必要的补充，煮熟是最终目的。你说谁贡献最大？”“他们是一个团队，最终的目的是吃到野味，他们有一个共同的目标，因此外部的激励是次要的。在这样的一个团队里，分工合作是他们的工作方式。”……

4. 引入网上帖子（第三次讨论）

一天下午，小钟老师跟大钟老师说："网上讨论很火爆，你要看看吗?"在办公室的电脑上，小钟老师一一展示了网上教师们的讨论帖子，看到精彩之处大钟老师不禁拍手称好："我要把大家的讨论内容介绍给学生看!"小钟老师把所有帖子整理好并打印出来，交给了大钟老师。

大钟老师组织了第三次讨论。他说："上两次的讨论大家表现得很好，各抒己见，理由也很充分。大家可能不知道吧，你们在这里讨论的时候在网上也有一场同样精彩的讨论！大家来看一看那些老师是怎样表达自己的观点的!"

大钟老师读了几个具有代表性的讨论帖子，并指出了如何提炼观点和陈述理由的方法及其重要性。学生们被那些言简意赅的观点和用词深深地吸引住了，班上的辩论也就更加激烈和精彩了！这一次几乎所有观点的支持率平分秋色了！

5. "两钟"再研讨

办公室里，大钟老师对小钟老师说："学生的讨论越来越深入了，但支持'发现'观点的学生还是不多!"小钟老师思索一下，喃喃地说："你上的这班是理科奥赛班，就让他们从自然学科中去找'事实说话'吧!"大钟老师问道："什么事实才最有说服力呢?"小钟老师忽然喜形于色地说道："钟主任，你不是一直坚持'发现才是最重要的'吗? 那么下一次就问问学生'诺贝尔奖'权威性怎样?"大钟老师"呵"了一声，高兴地说："太好了，再说说看!"小钟老师接着说："'诺贝尔奖'对于这些学生来说一定不陌生，他们一定承认'诺贝尔奖'是世界上最具权威性的。一旦他们承认这点，就让他们下课之后上网或到图书馆去查阅有关'诺贝尔奖'的资料，过后再来讨论。我想他们会有新奇的发现!"

小钟老师在办公室的电脑上检索起"诺贝尔奖"的有关资料。"两钟"惊奇地发现："诺贝尔奖"自创设以来都奖给了那些"由于发现或发明了……而使人类社会在……方面取得了重大突破或获得最大利益"的人们，连诺贝尔本人的遗嘱上也写着"发现或发明"（discovery or invention）的词语。至此"两钟"已经彻底踏实了，就让“事实”去给学生说话吧！

6.“用事实说话”到“借题发挥”（第四次讨论）

找了一个机会，大钟老师对学生们说：“上次鸭子故事的讨论，大家的观点都很不错，只是没有得到更多资料或事实的支持，有些显得空泛。我建议大家到网上或者图书馆查一查资料（例如‘诺贝尔奖’），然后我们再来重新讨论，大家要记住，可别忘记啦！”任务布置后大钟老师老在担心：“学生会真的去查阅资料吗？”

上课了，大钟老师问道：“‘诺贝尔奖’的资料，大家查得怎样了？”边说边用眼神在教室里搜索起来。话音刚落，台下一位学生高高地举起了手，大钟老师心中的大石顿时放了下来。只见那位学生拿着厚厚一叠打印文稿轻快地跑上了讲台，开始陈述自己的观点：“我认为，发现才是最重要的！‘诺贝尔奖’……所以我认为应该重奖甲，因为是他最先发现了鸭子。”

他的演讲很精彩！有理有据，重要的是他“用事实说了话”。当他走下讲台的时候，学生们给予了他最热烈的掌声鼓励。大钟老师也高度评价了这位学生的学习方法和学习精神，并结合作文要求对这次讨论进行了总结。他还建议学生在作文中要以某个观点作为立足点，做到“借题发挥”，达到写作的最佳境界。

我们的思考：

作文材料是虚拟的，重奖谁也不是什么大问题，但是作文中反映出来的对于“发现”的忽视，却是令人忧虑的，因为在它背后，实际上是一个“观念”的问题。以出力的大小和辛劳程度作为评论表现优劣、功劳大小的标准，多少年来就是如此。如：学校里，奖得最多的毕业班老师；单位里，受表扬的常常都是早上班迟下班、带病坚持工作的同志。这似乎已是天经地义的事。就材料中的甲乙丙丁来说，甲所付出的劳动是比不上其他三人的，在许多人眼里，重奖自然与他无缘。其实，没有了甲的发现，就算乙的枪法再准，丙跑得再快，丁烧菜技巧再好，也都是徒劳。甲的劳动是智能型的，需要敏锐的直觉，虽然没有射击、跑路、烹调这些具体的“实绩”，却理应得到更多的尊重。尊重发现，尊重精神劳动，虽然已讲了许多年，但并没有真正地普遍被接受。三尺之冰，看来也不是一时可以融化得了的。

就在这篇文章无法再做下去的时候，小钟老师组织的网上讨论使得班上的讨论在“山重水复”的困境中拓宽了思路，找到了“支点”。网上各地老师的独到见解给了他们以新鲜而有益的启示，大大鼓舞了两位继续争论下去的信心。而帮助最大的是小钟老师在网上提供的关于诺贝尔奖获得者的资料和诺贝尔本人的遗嘱。这些权威性的资料，雄辩有力地证明了“发现”的重要意义和价值。

班上同学在提取网上关于诺贝尔奖的资料并进行第四次讨论之后，思想、思维受到触动，观念开始转变。赞成重奖甲的同学多了起来，约占60%。有的同学说：“其实，发现是一种能力，一种机敏，一种飞跃。发现问题就等于成功的一半。生活需要发现，工作需要发现，科研需要发现，即使是学生学习也需要发现。发现促成发明，发现引发创新，发现可以使你逼近规律。即使是普通人，在日常生活中有所发现，也会乐趣倍增，甚至能提高其生存的质量。”有的同学说：“在今天这个充满竞争和挑战的时代，‘发现’就显得更重要了，人们往往羡慕那些最初提出问题的人，最初进行大胆尝试的人，最初产生了巧妙构想的人，最初研制新产品的人，其实他们的‘秘诀’就在于‘发现’二字。发现一只野鸭并不难，而要做到富有哲学意味的发现，则需要积累，需要激情，需要求异思维和质疑的勇气，需要新的角度和思路。”

更多的同学则结合作文的体会来谈“发现”的重要性，他们认为，有些同学写不好作文，总是从语言或技巧上找原因，其实往往是缺少发现。不会从寻常事物中发现美，从瞬间细节中发现永恒，从熟视无睹中发现问题，从事物的变化和联系中发现哲理。这次作文，佳作甚多，看来，学会“借题发挥”的目的已经达到。作文总结时，师生都发出会心的微笑。

从最后结果看，这样的教学是非常有效的。

这是基于思维发展的实践教学。

这是基于信息技术的拓展教学。

这是基于教师合作的智慧教学。

我们的追问

追问一：这样的有效教学是怎样形成的?

1. 得益于教师的有效引导

这次作文教学活动，由一般的讨论发展到高层次的思维学习活动，师生的互动交流达到了一种崭新的境界。学生起初只能就故事本身“就事论事”，即“因为……所以……”（如“乙的贡献最大，所以该重奖乙”）。及至在教师的指导下以及引入了网络教师的争论之后，学生已经能够从故事之中提炼出基本观点了，进入了“观点提炼”“就事论理”的新层次。其后教师再指导学生到网上或图书馆查阅资料，充实并支持自己的观点，即达到了“事实说话”甚至是“借题发挥”的更高思维层次。在作文教学中由材料分析入手到提炼观点，然后再运用事实论证充实，这样的学习活动对于提高学生的思维能力和写作能力是有很大帮助的。

2. 不同学科教师之间的有效合作

这次学习活动，二钟自觉与不自觉地进行了一次教学上的合作，师生对本次学习效果都相当满意。事实上，传统教学一般以学科教师为主，教师习惯于个体手工作坊式的工作模式，开发学习资源和从事教学设计也受到了许多客观条件的制约。当这次学习活动进行到第二轮讨论的时候，由于信息技术教师的参与使语文老师适时地引入了“网络”的概念，特别是在网上也同步组织了教师的讨论活动，这对课堂上学生的再讨论活动提供了更加有价值的参考和开放式学习方式，把课堂学习活动推向了一个新的高潮。其次，语文教师也给信息技术教师一种崭新的启示，即如何组织和推进学生更高层次的学习，从而始终围绕着提高学生写作能力展开活动。之后在“如何说服学生”的问题上，教师的再度合作，使得教学内容和学生的学习途径一下子拓宽了，学生学习的自主性和积极性增强了，提高了信息处理的意识，培养了收集信息、评价信息、处理信息和运用信息等信息能力。

3. 学生最大限度地参与

学生能否积极主动地参与学习过程应该是评判课堂教学是否有效的重要标志之一。要说这次作文教学最成功的地方，应该是学生最大限度的实质性参与。所谓实质性参与，不仅是指学习目标的指向性，参与活动的过程性，获取知识的方法性，更指学习兴趣的持续性，意志的相对稳定性。

追问二：到底什么样的教学算是有效教学？

资料显示，要揭示有效教学的内涵，必须紧扣“有效”和“教学”两个概念。

1. 从“教学”的内涵来看，有效教学是教师教的活动，即教学过程的有效性，教学过程有效性，即指教学过程合规律性，包括：

教学准备活动的合理且科学，如准备适合的教学目标、形成切实可行的教学计划、教学方法恰当等；

教学实施的合理且科学，如有效讲授、组织讨论、提问，激发学生的动机、因材施教等；

组织教学的合理且科学，如管理好课堂活动、管理好教学时间等；

教师教学行为的正确性、合理性，教学策略多样、灵活。

教学过程有效性是实现有效教学的条件或手段。

2. 从“有效”的内涵来看，有效教学表现为教学有效果、有效益和有效率。

所谓有效果，主要是指通过教师的教学之后，学生所获得的具体进步和发展。教学有没有效果，并不是指教师有没有教完内容或教得认真不认真，而是指学生有没有学到什么或学生学得好不好。据此，有效教学可以界定为取得了教学效果的教学。

所谓有效益，是指教学活动的收益、教学活动价值的实现和教学活动目标的达成。有效教学不仅要求教学有效果，使学生出现变化，而且要求教学有效益，即要求教学效果或结果与教学目标相吻合，满足学生的发展要求。据此，有效教学可以界定为教学的结果与预期教学目标和学生发展需求一致或吻合的教学。

所谓有效率，是指单位教学投入内所获得的教学产出。这句话的意思是指有效教学要考虑教学投入与教学产出的关系。如果教学所期望的结果，与教学的投入不相称，即多的教学投入只获得了少的教学产出，那么这种教学就不是有效教学。有效率的教学是指在一定的教学投入内产生了尽可能大的教学产出。根据这种定义，减少投入、增加产出就成为教学活动有效率所追求的目标。

后续的研究：

后来我和常州市的一些新教师一起学习交流，也谈到了这个故事。一位新教师留下来和我进行了单独交流，他说他坚持应该重奖野鸭。他说这个野鸭就好比是学生，甲乙丙丁就好像是我们的老师，以野鸭为代表的学生被打死，都是我们教师教育失误惹的祸。重奖野鸭就是重奖学生，要奖励他翱翔天空，这也就等于否定我们的教育。

和其他的多种答案相比较，从审题的角度说，这个年轻老师是存在一定偏颇的，因为问题的关键词指向的肯定指向甲乙丙丁四个人中的一个。但当我们从思维多元的角度分析，年轻的教师为我们提供了在没有问题指向前提下的思维新角度，从某种意义上说也许存在一定的道理，因为我们教育目标指向的偏差，必然导致教育手段和方式的不妥当，而且一定会产生这样一种结果：越是使用艺术化了的不当的方法，造成的危害也就越大。

认知规律告诉我们，没有充分的感性，其理性的力量一定不会足够的强大，理性思考的深度和广度，一定是建立在丰富和深厚的感性认识的基础上的。虽然和我交流的年轻人对教育的现实还缺少必要的感性认识，其问题的提出也只是依据书本得来的经验感觉，但年轻人有一种与众不同的发现能力，这本身也是这个题目所要求的。

一般的发现不是什么难事，难的是一种智慧的发现。智慧的发现总是异想天开或不合常规。我们的教育，何时能认可这点且能落实于教育教学行为呢？

鲁迅的两位老师

薛韬老师在我的工作室的活动中，开设了题为“名著阅读《朝花夕拾》——鲁迅的两位老师”的公开教学研究课，研究的主题是合作学习的有效策略。不论合作学习的概念有多少种解释，其价值取向应该是一致的：学会合作是现代教育的重要目标之一，合作学习正是培养学生学会合作的重要途径。合作学习方式有助于学生合作精神和团体意识的培养，有助于合作能力的提高；合作学习有助于智力放大，思维共振，提高学习效益。合作中能各抒己见，集思广益，克服片面，互相启发，互相评价，互相激励，取长补短，可以进行信息交流，实现资源共享；合作学习利于因材施教。学生间客观上存在着差异，在合作学习中教师由泛泛地关注整个班级进步到关注每个小组，进而深入关注到小组中的个人。合作学习能扩大学生的参与面，利于促进每个学生的发展。小组合作学习方式，大大扩大了学生参与的机会，小组中的每个学生都有更多的发言、表现、相互交流及评价的机会，从而弥补了班级教学制下教学的局限性。合作学习应用于课堂，以小组为单位的合作是最常见的形式，不管是同质异构、同质同构，还是异质同构、异质异构，都有实效的差异问题。研究合作学习的实效以求其价值目标的实现，应该是大有文章可做的。

教学实践告诉我们，教学中并非所有的教学内容都要采用合作学习的方式，因此确定合作学习的教学内容应该是研究的内容之一。一般来说，学习中遇到的问题超越了学生现有的认知水平，可以用合作学习的方式；以专题为内容的学习，宜用合作学习的方式；需要探究的学习，可采用合作学习的方式。

这堂课的亮点有两个：一是在教学内容的选择上。老师选择了《朝花夕拾》中给鲁迅先生留下深刻印象的寿镜吾和藤野先生作为教学内容，以探究两位先生给作者留下深刻印象的原因为教学切入点，从内容上说具有开展合作学习的适切性和可行性；二是在教学方式的运用上。为了开展合作学习的实效的研究，教者在教学过程中进行合作学习和个人自主学习效率的比较研究，而且重视过程的记录，为深入研究积累资料。

但是我们发现许多合作学习的课堂存在明显的不足。

第一，合作学习的起点问题没有精心设计。如果合作学习的起点问题可以在学生阅读文本材料时不要花费太多力气就能找到现成的答案，开展合作学习的价值就不大，例如教师设计的问题是通过填写表格讨论：你们认为寿镜吾和藤野的哪些言行举止令鲁迅终身难忘，并说明理由。

人物	印象最深的一件事（一句话概括）	印象最深的一句话	印象最深的一个动作或神态	概括鲁迅的整体印象
寿镜吾		“人都到哪里去了?”		
藤野				

因为问题没有思维含量，所以教师在反馈合作学习和个体自主学习的效益问题时得到了两种学习方式都有效的答案。这里设计怎样的问题比较好呢？我觉得可以这样设计：一个中国的私塾先生，一个日本的大学教授，为什么都给作者留下深刻的印象？他们给作者留下了怎样深刻的印象？要求学生概括全面，这样可以在学生自主学习的基础上进行合作，看谁的比较全面，谁的概括比较正确，相互取长补短，以达到教学的目标。

第二，没有把合作小组成员的构成作为研究的内容来思考。因为只是一堂课的教学，教师的预设是将研究的重点放在了合作学习和个体自主学习效益的比较上，加上是借班上课，所以忽略了对合作小组成员的构成的思考。但这在上课前还是可以通过一些具体的途径作安排的。

一个可以作为同时研究的内容，这就是自主学习与合作学习的关系问题。我们都有这样的经验，那就是合作学习之前应当让每个学生有充分的准备，或自己预习，或自己先收集资料，或自己先经过独立思考，作好发言准备，或按分工要求个人先完成一定的准备任务等。在合作交流的过程中，一定要强调个体的主动参与，小组的每个成员都应主动发言，主动完成负责的任务，认真地配合他人，支持他人，认真倾听、欣赏别人的发言，学会与他人沟通、协调，这一切都建立在个体自主、主动参与的基础之上，另一方面，在强调自主学习的时候，也不排除学生间和师生间的互相学习、互相帮助、互相切磋。这样的经验给我们的启示是：我们需要关注教师精心组织的合作学习的研究，但更应该关注教师组织之外的合作学习的研究。

第三，合作中没有关注全体。一位历史老师上《工商业的兴起》一课，为了让学生明白“全程生产”与“分工合作”这两种生产方式在生产效率上的差异，组织学生开展了一个合作学习活动。

活动内容：开信封（包括写邮编、收信人地址、收信人姓名、寄信人地址），贴邮票，封信封。

活动形式：全班分四个小组，每组五六人。

活动要求：1、3 两组由 3 个人做，每人开 4 个信封，其余同学观看；2、4 两组分工合作共同完成。

4 个小组同学按照老师的要求很快开始了活动。这时整个课堂秩序比较乱，讲话声音比较大。按每组 6 人计算，全班参与活动的学生最多只有 24 人，而全班有 60 多人。整个活动时间为 8 分钟，这就意味着全班至少有 36 人在这 8 分钟里无所事事。

学生需要合作学习的方式，但更需要教师的有机组织。

不愧为一部壮丽的水的交响诗

我不太懂交响乐，《现代汉语词典》对“交响乐”的解释是“由管弦乐队演奏的大型乐曲，通常由四个乐章组成，能够表现出多样的、变化复杂的思想感情”。

资料显示：交响音乐有多种类型，其中包括交响曲、交响诗、序曲、幻想曲、组曲、协奏曲等。交响乐多样化的表现力、丰富的思想内涵以及多彩的情感体验，是由于多种多样的管乐器和弦乐器组合演奏，在抑扬顿挫，疾徐急缓的旋律中表现出来的。

在文学作品里听交响乐，是在鼎湖山听到的，至今令人难以忘怀。

深夜听泉，别有一番滋味。泉声浸着月光，听来格外清晰。白日里浑然一片的泉鸣，此时却能分出许多层次：那柔曼如提琴者，是草丛中淌过的小溪；那清脆如弹拨者，是石缝间漏下的滴泉；那厚重如贝斯轰响者，应为万道细流汇于空谷；那雄浑如铜管齐鸣者，定是激流直下陡壁，飞瀑落入深潭。至于泉水绕过树根，清流拍打着卵石，则轻重缓急，远近高低，各自发出不同的音响。这万般泉声，被一支看不见的指挥棒编织到一起，汇成一曲奇妙的交响乐。在这泉水的交响之中，仿佛能够听到岁月的流逝，历史的变迁，生命的诞生、成长、繁衍、死亡，新陈代谢的声部，由弱到强，渐渐展开，升腾而成为主旋律。我俯身倾听着，分辨着，心神犹如融于水中，随泉而流，游遍鼎湖；又好像泉水汩汩滤过心田，冲走污垢，留下深情，任我品味，引我遐想。啊，我完全陶醉在泉水的唱歌之中。

这样的描述，体现了作者深厚的音乐素养和文学功底。各种乐器演奏出的旋律特色恰到好处地体现了山泉流动的特点，那跳动的音符，是作者对自然的感悟，那交响的乐曲，是自然、社会和人生的写照。

在文学作品里赏交响乐，是在大叠水瀑布欣赏到的，至今还余音绕梁。

可听，可赏，可析：

去看大叠水瀑布的时候，什么雪流飞泻，什么银波倾泼，所有想象中的壮美还远未露脸，它磅礴的轰鸣就从千米之外奔突而至了。仿佛一万双手掌同时鼓动，仿佛一万匹野马恣肆奔腾，仿佛巨人仰天大笑，仿佛猛兽昂首长啸，先声夺人。尽管一直行走在山花烂漫、松竹摇曳的石板小路上，尽管江水还在平缓的河谷里静静地流，我已经受到强烈的震撼，心中充满敬畏。

瀑布西侧的山腰有一名为“仙人洞”的溶洞。据说在月白风清的夜晚，由于风的作用，洞中会传出阵阵“仙乐”。当其与大叠水瀑布震耳欲聋的轰鸣声相融相汇时，就会组成一首奇妙的清风激流协奏曲，让人听了遐思飞动。

视觉的平淡彰显的是听觉震撼，那猛烈的管乐和月白风清的弦乐协奏，怎不让人遐思飞动？

可观，可赏，可析：

抬头仰望，可见一幅宽达五十余米的瀑流从百米高崖轰然跌落，白浪翻飞，玉屑银珠四溅，如突飞猛进之巨龙，如摧枯拉朽之狂飙。

只要你足够细心，就能发现大叠水依然柔情满怀。与阳光合作，飞扬起漫天雨沫，她向我们呈现出道道绚丽的彩虹。

立于瀑布前，忽然会有一股气流从瀑布中间喷出，一团在阳光映照下七彩纷呈的水珠顿时会被喷到二十多米之外，弥漫于整个山谷，瑰丽无比。

交响乐的第一乐章，往往速度较快，蕴藏着巨大的推动力，充满着强烈的戏剧效果。它的第二乐章，通常缓慢而抒情。它或以如歌的旋律给人以美的享受，或以沉思的音调阐述哲理思想。未见瀑布而先闻其声的听觉描写，可谓是交响乐的第一乐章，想象的美好让人亢奋，引人入胜。而现在的三节文字，可谓是交响乐的第二乐章。当这样一幅美妙的图景真的展现在我们面前的时候，我们能不感觉到自然的美丽？能不有一种独特的心灵体验吗？

在语文课堂里品交响曲，是在罗天涛老师《大叠水瀑布》的同题研究课上品尝到的。

意大利美学家克罗齐有一句名言，“要判断但丁，我们就须把自己提升到但丁的水平。”这一见解是很深刻的，它至少包含两层意思：一是欣赏者应当具备相应的审美水平才能准确地把握作品；二是这种审美水平在实践中是可以提升的。罗老师因为有了“但丁的水平”，所以也就有了这一堂语文课的交响曲。

请看罗老师安排的几个教学环节：

第一个环节是感知，要求学生放声朗读课文，从文中找出既概括了大叠水瀑布的特点，又强烈地表达了作者赞美之情的两句话来，并联系课文内容，用下面的句式，说说你对大叠水瀑布的初步感受。

大叠水瀑布啊，你是那么——，

你看；

你又是这么——，你看。难怪作者说：“——”

第二个环节是研读，要求学生再读课文，概括地说说我们可以听什么？观什么？赏什么？析什么？

听那、观那、赏那、析那多侧面的丰姿情韵和别具一格的性格。难怪作者说：“——”

第三个环节是要求学生从文中找出表明作者行踪的词句，并揣摩随着瀑布呈现出不同的丰姿作者情感的细微变化，将下面句子中间省略的部分补充完整。

早在千米之外的石板小路上，听到磅礴的轰鸣，心中就充满了敬畏；……漫步到瀑布西测，听到清风激流协奏曲，又怎不叫人遐思飞动。

第四个环节是走近瀑布，要求根据教师提供的有关瀑布的配乐图片，回答教师提出的问题：

听，这是什么声音？这声音像什么？

看，这就是大叠水瀑布，你看到了什么？

再看，如果你足够细心的话，你还能看见什么？

第五个环节是在教师提供的山水名诗引领下学生作诗留别。教师的要求非常明确：

1. 诗句要能反映大叠水瀑布的特征或突出自己的情感。

2. 可以引用文中的一些词句，特别是对仗工整的短语。

3. 古诗两句即可，现代诗长短不限。

如果说教师安排的第一个环节感悟是乐曲的呈示部，那么第二和第三个环节就是展开部，第四个环节就是再现部，第五个环节我们可以称之为拓展部了。呈示部是主题思想的首次陈述，从语文教学的角度说就是要求学生对文本的整体感知，一般说来，整体感知就像音乐的第一主题一样比较富有戏剧性，如果我们将罗老师的第一环节和薛韬老师的第一环节相比较，尽管教学目标有高度的一致性，但罗老师的重视语文朗读和情感，比薛老师更胜一筹（薛老师的第一环节是初识大叠水真面目。这个环节，以明确的目标导向，以清晰的阅读要求，以“这是一条的瀑布”为学习切点，让学生感知文本，为后续学习奠定基础）。展开部是呈示部主题在技巧上的变化，也是主题的深化，罗老师的教学技巧的变化，是进一步感知文本的深化，体现了教师扎实的基本功和深厚的语文教学素养。罗老师在再现部的设计，更是这节课最精彩的地方，学生运用语言文字的能力是语文教学的难点，而罗老师不着痕迹地通过“听”“看”“再看”三个环节，在教师提供的图片的引领下，恰到好处地运用文本语言去理解和诠释。可以想象，在这样一个环节的训练之后，学生今后在遇到对水的描写会有怎样的迁移水平和能力。拓展部的设计，也显示了非同寻常的水平，这是学养的综合，也是语文能力外显的重要载体，所以我想说这是我实施新课改以来听到的最后一节课，实在不是言过其实。以学生的最后作品为证：

学生作品选

1. 突飞猛进巨龙舞，柔情满怀彩虹飞

2. 飞龙猛进飙雄姿，清风仙乐舞情韵

3. 磅礴轰鸣奔突至，顺壁直泻碧水潭

4. 巨龙腾飞大叠水，遐思飞动仙人洞

5. 至柔至秀开阔地，顺壁直下泻深潭

教师在结尾总结说，留诗作别，孕育了我们这些年轻的诗人。虽然在这些诗句中还缺少了一点灵气和情感，但学生的思维，如果可以这样长期的熏陶，能不生长出飞翔的翅膀？学生的语感，如果这样扎实的训练，能不潜自暗长？学生运用祖国语言文字的能力，能不与日俱增？

武侠小说中常论剑道，将侠客剑术分三类：第一类，手中有剑，心中无剑。这类人，应该算是学剑之人，无任何剑术可言；第二类，手中有剑，心中也有剑。这类人，可算是剑术的一般高手；第三类，手中无剑，只有心中有剑。这类人，虽然手中无剑，但心之有所向，剑就有所指，用剑无痕，随势而行，属真正的武林高手。

如果将武侠中的剑道用之于教学之道，把备课看作是手中之剑，把教学看作是心中之剑，我们可否作这样的类比：一个能精心备好每一节课的人，能根据教案去上课的人，并不一定算是真正会上课的人；一个能够把教学之“剑”用得得心应手的人，并不一定需要把教案写得完完整整，井井有条。

我国古代著名的思想家和哲学家老子说过：“圣人处无为之事，行不言之教。”这为教学开启了智慧之门。这里的“无为”，不是不为，也不是消极无为，而是不妄为、不强为、不乱为。“无为”的正意是“无背道之行，顺自然而为”，是“有所为有所不为”。“无为”教学就是依教学之理、顺学生之性，消解教师的不当“有为”给教学带来的干扰和阻滞，在貌似教师的“无为”中实现师生的“有为”。“无为”教学的基本特征就是要求教师在教学中不能越俎代庖，更不能包办代替，而是要通过引导使学生自化。这就是学习的自主性。

捷克教育家夸美纽斯在《大学论》中指出：要“寻求并找出一种教学方法，使教师可以少教，但学生可以多学。”这种通过教师少教以达到学生多学的教学理想，正是“无为”教学所要追求的境界。这就是学习的能动性。

美国当代人本主义心理学家罗杰斯倡导“非指导性教学”，认为没有人能教会任何人任何东西，这就是说在教学过程中，学生要学会任何东西，最终要通过自己的实践来实现，而不是依赖教师去完成。这就是学习的实践性。

事实上，学习的自主性、能动性和实践性，就是有效教学的三个核心要素。教师“有所为有所不为”是教学的一种境界。

第四章

重视家庭访问，感知背景差异

家庭是颐养生命的摇篮，每一个生命都烙着家庭的胎记。儿童的举手投足，喜怒哀乐，无不渗透着家庭背景的基因。人之教育的复杂性、责任性要求教育者参透家庭背景的基因密码。信息化的社会，家校联系本、家长网、校讯通铺天盖地，已经成为学校教育与儿童家庭的快递，而家访正在教育的历史舞台上渐渐淡去。卢梭振聋发聩地说：“最重要的教育原则是不要爱惜时间，要浪费时间。”儿童有充裕的时间进行学习体验和沉思，才能自由地发展心智；教育者有充裕的时间了解儿童的家庭背景，才能真正解开其基因密码。如今教育的春天已经来临，家访的春风何时度过玉门关？本章主要从教育者通过家访，了解儿童的家庭背景，从而深入细致地实施因材施教的角度来谈家访的重要性。

课代表为什么服安眠药自杀

蔡老师是在中途接小梦的班级的，这个班的班主任被学生称为“慈禧太后”。“慈禧太后”名副其实，她似乎把全班学生的命运都攥在了自己的手里，学生们总是小心翼翼，深怕一旦惹恼了她，自己的前途就完了；她开每一次家长会，几乎都像搞传销一样，把家长们的脑子洗得服服帖帖，深信只有听从“太后”，孩子才会有前途。

小梦自告奋勇当了蔡老师的语文课代表，蔡老师一眼就喜欢上了这个皮肤白皙、说话温柔、做事勤快的孩子。但“慈禧太后”几次提醒蔡老师，小梦的母亲是医院的护工，没有文化，家庭教育不好，小梦的理科不好，语文课代表应该让别人当，并向蔡老师隆重推荐了一人。蔡老师敏感地觉得，太后是在推荐“关系户”，蔡老师婉言拒绝。小梦的数学老师看到小梦来办公室，经常嘲笑道：“阿木林，你这种成绩还当语文课代表的！”（“阿木林”是笨蛋的俗称）可是每当看到小梦的勤快、优秀的语文作业，蔡老师就更坚定了自己的选择。

不知不觉，中考季节就要来临了。“慈禧太后”得意地告诉任课老师，她已经动员小梦等三个“笨女生”去考艺校了，她们被艺校录取后就不用参加中考了，这班的平均分可以上升了。数学老师很期待平均分上升时刻的到来。蔡老师倒觉得小梦考艺校有点遗憾，凭目前的状态，小梦应该有更多的选择。这几天，学生们每天疲于应付，班级里不完成作业的现象多了起来。有一天，蔡老师批完作业，发现有十几个学生没有完成作业，其中竟然有小梦。但蔡老师想，小梦肯定有特殊情况，可以谅解。后来蔡老师把班级有多人不完成作业的情况反映给“慈禧太后”，但疏忽之下，忘记了在名单中擦去小梦的名字。

第二天早晨，蔡老师像往常一样来到教室负责早读，可是时间到了7：30，依然不见小梦。等到7：40，快下课了，“慈禧太后”来了，一脸紧张：“小梦吃安眠药自杀了！”“什么！现在她怎样？”蔡老师的心都要跳出来了。“现在没死，在医院！你千万不要去，她不想见任何人！”她为什么要自杀？为什么！为什么！蔡老师实在想知道心爱的课代表走极端的原因，她决定设法找到小梦，找到小梦的家，拯救小梦。

蔡老师找到小梦母亲的手机号码，发了条问候的短信，很快小梦说：“老师，我很好。放心吧。”蔡老师打通了电话，小梦母亲接的。当蔡老师拎着一盒苹果，在医院拥挤的输液室找到小梦时，小梦一看到自己的语文老师，喊了声老师，立即，大把的眼泪就涌了出来。蔡老师立即把小梦拥在怀里，轻轻地抚摸着小梦的额头，嗔怪道：“傻丫头，变瘦了。”蔡老师的眼泪也来了。小梦的母亲在一旁反倒安慰起蔡老师来了：“不要紧，只要挂完这两瓶盐水就好了。”蔡老师拿起小梦的病历卡，只见上面写着：“因父亲打骂，服大量安眠药……心率正常，……正常。”看到后面连续几个正常，蔡老师舒了口气。小梦的父亲把在早晨孩子送到医院后，忙着上班去了。因为小梦症状较轻，只需挂两瓶盐水，所以小梦的母亲陪着孩子。时间不知不觉已经是上午的10点多了，很快就要到中饭时分。蔡老师想起了苹果，立即拿了一只削给小梦吃，小梦的眼泪又来了。蔡老师轻轻地擦去她的眼泪，督促她多吃点。

很快，小梦的盐水就挂完了。蔡老师陪着小梦来到了她的家。小梦的家很小，家里一切都很简陋。庆幸的是，小梦有自己的小房间。

蔡老师的举动早就感动了小梦的母亲。当蔡老师悄悄地和她攀谈时，这位母亲就把蔡老师当知心人了。小梦的母亲文化水平低，没有稳定的工作和收入，母亲在一家医院当护工，工作很脏很辛苦，收入不多。小梦的父亲文化水平也低，在一家小企业上班，企业效益不好，父亲的脾气也越来越坏。全家希望小梦念书能有出息，他们相信班主任才是小梦的转运神，一切都要听班主任的。所以只要班主任反映小梦的缺点，并暗示严加管教，夫妻俩总是简单地给孩子一顿暴力。他们以为，孩子到了初三就有出息了。哪料到，中考前夕，夫妻俩被班主任告知，小梦中考没有希望，只能去考艺校了。就是去艺校，还是有书读，这多少让小梦的父母亲心中有丝安慰。可是，更加没有想到的是，班主任又来了要求：小梦不想读书，一天到晚与不要读书的人混在一起，家长要狠狠地管教。这下，夫妻俩气炸了。这天，小梦的父亲加班回家已经很晚了，小梦的母亲把小梦班主任的原话告诉了他。这位父亲顿时绝望了，自己辛辛苦苦上班挣钱养育孩子，哪知竟然是一场空！他不能平静了，踢开了小梦的房门，把已经睡着的小梦从床上逮了出来，疯狂地暴打。又找到了小梦的手机，摔了。又撕毁了小梦贴在墙上的花花绿绿的纸，要不是小梦的母亲死命劝住，后果不堪设想。

后来，小梦的父亲气得猛灌自己酒，醉了。小梦的母亲只能看护醉者。小梦被打醒了，看到满房间的凌乱，她也绝望了。于是，她悄悄地溜出家门，到药房买了一瓶安眠药，回到家以后，吃了两把，躺下了。她想，我睡着以后，此生什么痛苦都没有了。

第二天，母亲照常起来喊孩子上学，可是孩子答应了一声，居然还是睡。母亲一看孩子桌上的安眠药，问孩子吃安眠药没有，孩子说吃了很多。母亲慌了，夫妻俩连忙把孩子送到了医院。庆幸的是医生全面检查下来，说不严重，只要挂点盐水就可以了。夫妻俩心头的石头才落了地。

听完小梦母亲的叙述，蔡老师长叹了一口气，转而又安慰她说："你看小梦这样幸运，她一定会给你们的家庭带来幸福和好运气的。"当我看到小梦房间地上飘落的碎纸时，我发现上面都是励志类的名言。我对小梦的母亲说："小梦贴在墙上的花花绿绿的纸，上面都是名言，寄托着她的梦想啊。家长不问青红皂白，撕毁这些纸张，就是毁灭孩子的梦想，这能不把孩子逼上绝路吗?"然后我又讲述了家长要学会倾听孩子的心声的重要性，小梦的母亲频频点头。最后，我全面分析了小梦的学习现状，指出，她完全有能力参加中考。而且一定会被高一级的学校录取。

第二天早晨7点钟还没有到，蔡老师就到办公室了。刚放下包，一声熟悉温柔的“蔡老师”，蔡老师抬头，只见心爱的课代表小梦竟然和往常一样，步履轻快地来办公室交作业了。蔡老师的心中乐开了花。中考结束，小梦的成绩如愿以偿，小梦的第一个中国梦实现了！蔡老师的心中又一次乐开了花。

小梦的成绩不很拔尖，但她一直不放弃追求，即使被劝说去考艺校，她依然有梦。可是，作为老师，家长，是否了解她的梦，并尊重她，爱她，尽力帮助她呢？她服安眠药自杀的行为震醒了教育者们。有一句俗话，不要轻视别人的志向。更何况是教师、家长！生命因为有梦想，因为有爱，所以生命才会夸父逐日而不悔，梦想和爱是生命健康发展的源动力。再者，小梦吃安眠药自杀，身心俱伤，她需要呵护和关爱。作为教育者，怎么能因为“没死”就回到学校做自己的工作呢？蔡老师的耐心陪伴抚慰了小梦受伤的心，所以小梦会在第二天就精神抖擞地来上学。最后，小梦的家长长期以来都以简单粗暴的方式教育孩子，他们在家庭教育上存在误区，这就更加需要老师登门家访，引导家长走出误区。蔡老师耐心地和小梦的家长聊天，潜移默化中给家长指点迷津，最后家长看到了孩子的美好前途，在家庭教育上迈出了崭新的一步。

因此，一把钥匙开一把锁，教育者对一个家庭的深入家访，就一定能打开学生的心灵之锁，乃至生命之锁。

（附几句多余的话，当前在一些热点学校，少数教师，特别是少数班主任，被分数、利益困住了灵魂，他们已经不再是灵魂的工程师，而是灵魂的刽子手；少数家长，也成为刽子手的帮凶）

他从坟上来

蔡老师当上了新初一的班主任，刚从小学毕业的孩子们欢蹦乱跳，犹如猴山上的猴子。可是在这个群体中，一个另类的学生引起了蔡老师的注意。他叫小春，个子高大，皮肤黝黑，他完全不同于其他“小猴子”们，他倒好像是“老猴子”“病猴子”。蔡老师一查学籍，原来小春长别人两岁。接下来的学习过程中，蔡老师发现小春一般不说话，喜欢孤独地坐着，偶尔对别人笑笑，牙齿洁白整齐，有点外露，笑起来很憨厚。课堂上提问小春，蔡老师惊讶了，小春竟然有严重的说话问题，他的舌头明显比别人短，舌头又不灵活，他的说话含糊不清，没人能懂他的意思。小春学英语更困难了，年轻的女英语老师着急得一筹莫展。但蔡老师发现，小春劳动态度非常好，看见老师既害羞又非常尊敬。蔡老师决定到小春的家里去了解情况。

那是一个金色的秋天，临近傍晚，晚霞灿烂。蔡老师根据学籍上提供的地址“大坟上”，骑自行车一路寻找，一路询问。终于，在骑了七八里路后，蔡老师远远望去，只见在几乎一望无际的金色的稻浪中，一丛浓密的树荫掩映着农舍的屋角，这就是小春的家了。金色的稻田南面横亘着一条漕河，一条羊肠小道沿着漕河延伸了一段，然后在汪洋稻田中拐弯通往“大坟上”。蔡老师在稻谷的芳香中，走到了树荫和农舍，原来这里仅仅只有一户人家，树丛的另一边，隐约着高低的草冢，“大坟上”名副其实。小春知道老师要来，早就在门口迎接了。小春的家是两间平房，虽然这里有的是土地，可是小春的父母都是农民，而且年老，无力建造更多的房子。小春的姐姐出嫁了，小春是这对老农民的老来子。贫穷使他们只能在远离村落的“大坟上”造房子生活。这对老农民管着十几亩农田，平时忙农活。蔡老师明白小春为什么孤独少言，为什么舌头不灵活了：他的父母，第一任老师，没有好好地开发他的语言能力。所以小春读小学成绩不理想，留级过。在小春的家里，蔡老师看到了拖拉机，蔡老师欣赏小春父母的机械化耕作手段，这时，小春的老父亲说，小春是个懂事的孩子，现在正是收稻谷的季节，小春每天放学回来都要到地里开拖拉机运稻谷。蔡老师欣喜地捧起小春的手，看了看，抚摸着说：“小春，没想到，你的手竟然这样能干！你是咱们班最厉害的人！”小春憨厚地咧开了嘴，说了好几句让人听不懂的话，但蔡老师感到，那是他的喜悦与感谢。蔡老师明白小春学习困难的另一个原因了：每天回家要帮忙干农活，学习时间少。

在离开小春家，与小春全家告别的时候，蔡老师说，小春的父母有慧眼，选择了这个最美丽的地方建造家园，这里是现实版的“桃花源”，令人向往和羡慕。这个地方是风水宝地，能干的小春将来一定能使这里成为魅力农村的。

回校后，蔡老师在学习上对小春特别“开恩”：减作业，“开小灶”，课堂上对小春正常提问，虽然基本听不懂小春在说什么，但蔡老师总要对他的发言大加赞赏。各种班级活动中，蔡老师总要分点任务给小春。渐渐地，小春活泼起来了，终于融进了“猴群”中。

二十年后的一个春节，蔡老师收到了一条短信，上面写着对蔡老师深情的祝福语，落款是“小春”。春节后不久，小春的班级举行了“二十年后来相会”的聚会活动，蔡老师欣喜地知道，小春是种田大户，他把“大坟上”开发成农庄，这里已经成为人们休闲娱乐的天堂，小春当然是庄园主人了。聚会中，小春含着激动的泪花握紧了蔡老师的双手……

俗话说，一方水土养一方人，儿童的性格、习惯与起生活的家庭环境有很大关系。蔡老师如果仅仅是把小春的家长请到学校，在交谈中了解情况，可能蔡老师了解的仅仅是皮毛，小春或许要长期处于孤独状态。蔡老师亲自登门家访，小春家庭生活的环境以生动的语言，向教育者诉说了丰富而深刻的内容。远离村落的孤独的简陋农舍、汪洋的稻田、拖拉机等以无声的生动语言，诉说了学生的性格、习惯的形成原因。百听不如一看，要了解小春这个学生，还有什么比到“大坟上”亲自看一看更有效呢？所以，亲自登门家访，教育者不仅恩与家长当面交流，而且还能从家庭的物质环境，家庭所处的自然环境、人文环境中找到解开学生心锁的神秘金钥匙。莫里森研究证实，“通过家访，尤其是把焦点放在儿童身上的家访，能使教师真正理解儿童为什么会有这样或那样的表现，以及父母对儿童的力量和影响。通过这些第一手资料，教师能更理解和宽容幼儿，从而更愿意为幼儿提供个性化的教育而不是要求所有幼儿都以同样的方式完成相同的任务”。蔡老师欣赏并赞美小春，并多多提供让小春融入全班的机会，使小春克服了说话模糊的心理障碍，成为班级的快乐王子。从二十年后小春的成功人生来看，蔡老师的这次家访起到了举足轻重的作用，所以小春一生都感恩老师啊！

夜访家庭追踪手机谜案

最近蔡老师发现九（7）班的小雨作业经常拖拉、不完成，有同学反映，他在课堂上悄悄玩手机。一天的午间，蔡老师找小雨谈话。他支支吾吾说手机是自己买的。敏感的蔡老师觉得这里有问题，于是她悄悄地找了知情的同学掌握了一些真相。忙完“外围侦查”后，天已经黑了，已是万家灯火，蔡老师肚子里唱起了“空城计”，但她忍着饥饿来到了小雨家。

这是公寓楼里的一个大户，小雨的母亲是一家公司的主管，父亲是公务员，夫妻俩工作很忙，疏于管孩子。经济的富裕使夫妻俩经常买小雨喜欢的东西来弥补亲情。小雨的房间摆满了各种玩具以及多台游戏机。看到这些，蔡老师有点了解小雨的“嗜好”了，并明显感到这对夫妻对孩子的教育存在问题，他们比较纵容和宠爱孩子。

蔡老师告诉家长，小雨最近迷恋手机，谁知家长对此不以为然。蔡老师问，手机是否是家长买的，家长说，不是，是从同学那里借的，他以前也借同学的游戏机玩。矛盾显示了，小雨的手机到底是借别人的，还是自己买的?

于是蔡老师把小雨的同学——小吕将卖掉手机，而且手机不仅仅是一部的情况告诉家长，并指出小雨的房间有秘密。

家长恍然大悟，然后愤怒之极。蔡老师反复劝说，家长终于冷静下来，和老师一起做小雨的工作。小雨讲出了事情的经过。原来，新区某学生是小雨的同学，该生偷了宿舍同学的多只手机，让小雨到市里来销赃。沉迷于物质诱惑的小雨就叫上好友小吕一起去销赃，小吕已经联系了回收二手手机的店，准备在第二天卖掉这些手机。

手机谜案，真相大白。小雨坦白完，时间已经是晚上8点多了。蔡老师没有急着回家，而是耐心地把事情的利弊分析给小雨听，并用法律和道德来教育他。渐渐地，小雨深深地认识到自己已经滑到犯罪的边缘，自己的灵魂正在堕落。

小雨、小吕悬崖勒马了。

第二天，蔡老师通知了事情涉及的另一学校。那学校本来正为宿舍经常发生偷窃却抓不到偷窃者而烦恼，接到通知，很是感谢。于是那边展开了对相关学生的教育。

小雨交出了赃物，交给了那边学校。出于对未成年人的保护，蔡老师没有把此事在班级公布，而是私下里叫小雨、小吕写了份深刻的检查。事后，小雨深刻地认识到自己交友不慎，误落深渊。小吕也后悔自己钱迷心窍。

事情虽然结束了，但蔡老师觉得，对小雨、小吕的教育并没有结束。一方面，仔细批阅他们的作业，观察其进步情况；另一方面，经常有意走到这两位学生旁边，问问他们的学习情况。有时，放学后，蔡老师还特意把他们请到办公室了解他们的思想进展。就这样，半年过去了，小雨成为班级里让老师信任且成绩进步的学生，小吕也开始对学习负责任起来了。热爱学习的队伍中又多了两个人。

这次家访，蔡老师深切感受到，父母的纵容和溺爱是家庭教育的祸害。小雨的误入歧途，与家长的疏忽、纵容是分不开的。俗话说，救急如救火，及时的家访真的如救火。如果蔡老师那天不去家访的话，赃物就被卖掉了，小雨等人触犯法律，后果不堪设想。当今的教师学校工作任务繁重，与家长的沟通主要靠便捷的通讯，这固然方便，但有时候不易发现问题和解决问题。敏感的蔡老师发现了手机的端倪，并忍着饥饿上门家访，追踪线索，终于在当夜就使案件真相大白，两个青少年在犯罪的悬崖勒住了马脚。因此，拯救孩子的灵魂是燃眉之急，教育者要拿出救火的勇气和精神，及时访问学生的家庭。

你问我爱你有几分

有一次，蔡老师将要上公开课《背影》，这篇文章以非常朴实的文字表达了深沉真挚的父爱。朱自清创作此文的年代久远，离蔡老师执教的初二学生的生活也很遥远，少年人难以体会这份父爱。蔡老师决定用学生们的家庭亲情来点燃课堂。

下午，蔡老师请了假，扛着摄像机出发了，因为她需要在孩子不在家的情况下单独采访家长。她决定先访问小胡家。因为小胡在作文中反映他母亲是个只会忙自己的工作、而又唠叨的人。

蔡老师一进家门，就发现小胡家的书很多，原来她母亲是某学校的校长兼政治教师——秦校长。秦校长一头短发，穿着非常朴素，款式很传统，走起路来一阵风。蔡老师明白了，秦校长工作干练、勤快，崇尚朴实。蔡老师很敬佩这位校长。她明白小胡难以体会到母爱的原因了。她从小胡在校的可爱表现谈起，渐渐地，谈到孩子不懂母爱的问题了。秦校长说，工作忙，确实陪孩子的时间较少，但关键的问题上，她有舍我精神。她说，有一次，小胡硬要穿紧身裤上学，而细心的秦校长从课表上看到这天上午就有体育课。再多的劝说都是无效的。秦校长作为教育者，深深知道，青少年时期的男生非常爱美，所以小胡要穿紧身裤。可是那条裤子的裤裆不牢，线头有点断裂。但爱臭美的小胡可不管这些。可是，上体育课，经常要下蹲，万一裤裆破裂，小胡在学生中不就当众出丑了么？这样的事情将对小胡的心理带来长期的不良影响。青少年的心理健康是不可忽视的问题。于是，秦校长在小胡上学后，找出了一条宽松的运动裤。体育课就在上午第一节。秦校长冒着自己上班迟到的危险，及时来到学校，小胡已经在操场上排队了，严格的体育老师正在检查孩子们的穿着是否符合体育课的着装要求，秦校长在操场栏杆外喊了一声小胡，体育课代表报告老师说有家长找，老师就让小胡走出了队伍。运动裤及时穿到了小胡身上，一切就像什么事情都没发生一样。这天，秦校长到单位已经迟到了，她的自我检讨却是轻松愉快的。秦校长从来没有把此事的想法和经过告诉小胡，蔡老师用摄像机录下了这段真情告白。

接着，蔡老师又采访了几个家庭，回校后把父母们的心迹做了巧妙的剪辑。

公开课上，学生们没有想到会在录像中见到自己的父亲、母亲，一段段真情告白，一次次地让小胡等孩子们留下了感动的泪水，他们在这样的场景中，深深地体会到了伟大的父爱、母爱。

在许多学生的印象中，家访就是教师到学生家庭找家长谈话。可是，蔡老师的家访，是多么独特啊。当学生不明白父母对自己的爱有几分的时候，蔡老师居然用新闻采访的方式进行了家访，并把这些家庭的爱搬上了屏幕，让学生定格、放大地来感受，使教育教学收到了奇妙的效果。可见，家访也不是班主任的专门活，每一个任课老师都可以家访，家访是教育者伟大的教育行动。家访的形式是多样的，只要肯动脑子，任何一个教育者都会成为家访的专家。

在网络、手机异常发达的今天，家访似乎“过时”了。有许多家长感慨：孩子读书十几年，教师从来没有来家访过。这感慨里充满了遗憾。这也说明，许多家长渴望教师们去家访。“没有家庭教育的学校教育和没有学校教育的家庭教育，不可能完成造就全面发展的人这一极其细致的复杂的任务。”笔者希望广大教育者迈开腿，走出去，让家访成为时尚的教育行为。

菩提树下的忧郁王子与生离死别的家访

在蔡老师的影集里，有一张特殊的照片，一个圆脸蛋、眼神忧郁、身着深青色运动服的少年双手合十、两腿盘坐在校园里一棵茂绿的阔叶树下，周围是一圈盛开的紫蝴蝶花。这个少年是小峰，这张照片是在小峰升入初三前，蔡老师专门为小峰拍的。

小峰是个非常苦命的孩子。在他刚到初一年级报到时，他的母亲被庸医滥用、误用药物而染上了绿脓杆菌，生命垂危。蔡老师对小峰的第一次家访竟然是在小镇的医院里。小峰的母亲住院以来，他们一家三口就基本上以医院为家了。小峰的父亲身材高大，脸色发黄，黑眼圈很重，很显然，为了妻子，他累死累活地挣扎着，想努力挽回妻子的生命。小峰是他们的宝贝儿子，这位病重的母亲最放心不下只有 13 岁的儿子。她脸色苍白，说话虚弱。蔡老师坐在病床边，倾听到了她的重托：小峰将没有妈妈，希望老师把小峰当亲人，把他好好培养。小峰站在病床边，满脸担忧，他似乎预感到不可逆的灾难要来了，他的小生命不知如何去面对。蔡老师牵起小峰的手，肯定坚决地告诉这位病重的母亲：放心吧，小峰永远是我的亲人。快到 9 月 1 日新学期开学的日子了，小峰的母亲永远地离开了世界。小峰的初中生活开始了。蔡老师把他当亲弟弟一样对待，带着他一起学习、生活，还让他学着当班长，学会去关心他人，学会对一个集体负责。

毕竟是孩子，丰富的学校生活冲走了他心中的不少阴影，他成了同学们心中的“老班长”。

不久，蔡老师发现小峰情绪不稳定，当她来到小峰家时，看见小峰家已经成为四口之家，小峰的父亲找了一个后妈，后妈带来一个比小峰小一岁的可爱男孩。这位后妈与小峰的父亲同甘共苦一起贩鱼，在谈话中，蔡老师发现这位后妈贤惠善良，她非常高兴，庆幸小峰拥有了新的完美的家庭。在学校里，蔡老师提醒小峰关心新弟弟，她发现小峰和新弟弟情同手足。小峰的学习转为优秀了，班长工作也做得原来越好了。

到快升入初三的时候，蔡老师看见小峰做事迟钝，经过询问，原来他父亲生病了。蔡老师看着小峰长高的个子，拍着他开始变宽的肩膀说，你是男子汉，无论发生什么，你都不用怕，老师和你的亲友都会帮助你的。蔡老师启发他，人生无常，人要学会感悟其中的道理。于是帮他拍了张“菩提树下顿悟”的照片。升入初三后，小峰基本上每天第一个来到学校，因为他为了磨炼自己，每天早晨背着书包，一路跑到学校，每天的单程就有 5 里路，小峰藐视这段路程。

中考前的家访，是在小峰的家里，他的父亲到了肝癌晚期，医院已经让他回家了。家里一切都空荡荡的，后妈也经常不在家而回娘家了。一切不言而喻。小峰的父亲腹部很鼓，非常疼痛，他已经有肝腹水了。面对这样的情况，蔡老师的眼睛模糊了。这位父亲也赋予蔡老师重托，蔡老师宽慰他，小峰非常优秀，同时告诉他还有几天就要中考了。这位父亲的生命非常顽强，靠杜冷丁止痛，硬是等来了小峰中考的好成绩——全校第二名！小峰的父亲了却心愿后永远地走了。蔡老师在教师生涯中，竟经历了这样生离死别的家访！真是往事不堪回首，一回首，总令人潸然泪下。

如今，小峰已经成为某市政府的一位领导，他的宽厚、勤奋、有爱心使他在工作中成绩辉煌。

家访是什么？家访就是教师要主动走向学生家庭，真诚地送上家庭的需要。

蔡老师的家访，给生命垂危的家长送去了宽慰，送去了希望；给年幼的学子送去了爱心。家访，成为学校与家庭的爱的桥梁，老师就成了爱的使者。在这种生离死别的家访中，教师更加体会到学生失去亲人的痛苦，教师对学生释放的爱就更多，更贴切。在经济发展的大潮中，我国的社会更加的多元化，家访显得尤其重要。教师应该根据家庭的需要，把伟大的师爱送入千家万户！

小珍的太湖仙居

一位德高望重的老教师给蔡老师领来了个非常优秀的女孩小珍，并再三嘱咐要多关照她。小珍整个人具有一种古琴的气韵，爱读书，会写作，会弹古筝，成绩优秀。蔡老师常赞叹她优美的文笔。她的同学关系很好，一下课总有同学跟她在一起说笑。唯一让蔡老师感到美中不足的是，上课回答问题，小珍害羞而音量低。蔡老师一查学籍，小珍的家在太湖边，是这个县最东南的地方，所以小珍寄宿在校，每周回家一次。在与小珍的家长联系后，蔡老师决定在假日到小珍家家访。

在公交车上足足颠簸了两个多小时，青山相迎，小珍的家到了。刚到门口，蔡老师就被震惊了，琉璃屋顶，屋檐重重，很宽大的大铁门，有专人开启。原来小珍的父亲是企业家，小珍的母亲在家当全职太太，她非常重视培养孩子。在小珍母亲的带领下，蔡老师参观了小珍的闺房。闺房在二楼，房间非常宽大，有四五十平方米。房间的布置具有英国皇家风格，家具非常精致，小珍的床简直就是公主的床。房间的南面，有一张古筝，旁边站立着一个跟真人一般高的白色瓷雕——欧洲少女拉小提琴塑像。蔡老师可以想象，小珍就跟古代的千金小姐一样在闺房弹琴、读书。房间南面的一排窗户很宽大，走到窗边，浩瀚的太湖一览无余。窗户关着，不开的原因是湖风很大。

小珍家的厨房也是超乎寻常的大，光是煤气灶眼就有三个。厨房里有专人做饭。

此时，蔡老师深深感到，小珍真的是千金小姐，她可以在闺房自由地弹琴、读书，她的生活与出行有人精致地照料着。小珍的闺房就是美妙的望湖楼，但她经常是隔窗相望太湖，那浩荡的湖风，滔天的浊浪，被家长的关爱屏蔽了。小珍似乎永远生活在苏堤春晓中。

与家长的聊天非常轻松愉悦，蔡老师提示，小珍如果能体验点风浪和骄阳的话，她的性格里将增加刚强和雄壮的因子，她的才华会更出众。小珍的母亲忙询问方法，蔡老师建议假日里可以带小珍到湖边练习朗读和演讲，接着，蔡老师还带着小珍进行了模拟演习。小珍的母亲很受启发。

后来的学习生活中，不知不觉，小珍课堂上回答问题的音量提高了。再后来，一次县级演讲比赛的机会降临，蔡老师让小珍参加，小珍初出茅庐，捧回了县二等奖。小珍成为全班公认的大才女。

一般人认为，优秀学生不需要家访。蔡老师的这次实践颠覆了这个观点，优秀的学生也要家访，这样优秀的学生会更上一层楼。蔡老师的家访，就是一次重要的教育观察。家长的家庭教育常常会限于坐井观天和一叶障目，而教师的家访则是站在泰山之顶来俯瞰教育众象。所以教师的家访常常能发现问题。另外，对优秀学生家访，教师还可以总结优秀学生家庭的成功经验，作适当的宣传，便于更多家庭学习和借鉴。由此可见，家访是重要的，也是必要的。

或许有人要质疑，蔡老师的这次家访肯定受到热情款待了吧？蔡老师承认这次确实受到热情款待，但蔡老师的工作作风和若干成功的家访经历告诉我们，她始终坚守教师的师德。所以，在家访的细节方面，教育者要注意的是：家访前要与家长联系妥当，不能强行家访；不能在家访中收受家长的财物；不要把家访搞成告状。

蔡老师曾把家访的温暖送到了许多家庭，如今，不知家访的春风能否再度玉门关？广大家长在渴盼中。

他撞伤了老太为何逃跑

新接的初一班级才开学没几天，一天上午，许老师的办公室跑来一个气愤的中年人，指责她班上的学生小石撞伤了他老母亲，而且当场逃跑。许老师找小石了解情况，果真如此。老人伤得不轻，高血压复发，只能躺在家里休息。许老师联系了小石的父亲，准备晚上家访。

家访中，许老师了解到，原来小石的父母早就离异了，现在双方都重组了家庭，他是妇科医生，每天很忙，小石就随奶奶生活了。父子之间交流很少。小石有时来父亲家居住一段，但他对“阿姨”态度很不好。孩子的性格变得很怪僻，思想言行也很偏激，读小学时，他就是老师头痛的对象：撒谎、上网、打游戏，和同学打架甚至在课堂上就和老师对打。小学老师很无奈，这位医生也很无奈。许老师了解了小石的种种“前科”，明白他当前的行为了。许老师开始为教育小石而绞尽脑汁地“备课”。

但小石毛病复发，他与周边人格格不入，时常还去惹怒周边的人，别人不小心碰了他，他就拳头相向，同学们都不愿意搭理他。

12 月底的一个双休日午饭时分，许老师经过一游戏店的门口，忽然发现里面晃动里着小石的身影。许老师忙把他拉了出来，问他为什么不回家。小石耷拉着脑袋告诉说，今天是他生日，但爸爸没想起，自己的亲妈妈家中又没人，他就只能一个人在外闲逛。许老师问他午饭吃了没有，小石摇了摇头。望着小石失落可怜的表情，许老师的心很沉重。她转眼看到旁边有个蛋糕店，就示意小石等一等，然后跑进蛋糕店买了一个生日蛋糕，然后对小石说：“今天是你生日，老师祝你生日快乐，赶紧回家吧！”许老师把他送到了他父亲家楼下，对他说：“快乐一点，和你爸爸一起分享蛋糕吧。”小石点了点头，然后捧着蛋糕高兴地向楼上跑去。

几天后的作业中，小石写道：“老师，您知道吗，我已经很多年没吃过生日蛋糕了，老师，谢谢您，那一天我很开心！我父亲说，下次我过生日，准备邀请您一起来我家吃蛋糕。”

慢慢地，小石有了令人欣喜的变化，同学关系融洽起来了，上课认真了，作业及时了……

可是好景不长。某个元旦之后，许老师发现小石作业经常完不成，书包里经常带游戏机，课后还与同学在一起完游戏机。许老师立即找小石谈话，原来小石的父亲遇事急躁，又不能与孩子好好交流沟通，看到孩子产生问题，他也很失望，元旦期间小石在自己妈妈家住，但他妈妈要上夜班，管不住孩子，小石便通宵上网打游戏。父亲叫他回家做作业他也不回父亲家。所以父亲一怒之下把小石赶出了家。小石就干脆住在了自己妈妈家，过起了逍遥的日子。

许老师觉得问题非常严重，这位父亲需要人开导，于是许老师约个时间登门家访。许老师把一段时期以来小石的进步事实摆了出来，并赞扬了小石父亲的功劳；同时，许老师又谈了小石的若干可塑点，让小石父亲看到儿子的前途很大。许老师结合小石父亲的特殊工作，从医生的责任谈到离异家庭的父母的责任。同时，许老师又在电话里做小石的思想工作，让他向父亲认错。终于，这位父亲的工作做通了，同意接纳孩子。许老师当晚亲自把小石送回了父亲家（因为他不敢回去），看到父子和好团聚，许老师感到完成了一件大事。

不过，小石的进步是曲折的，他经常在家与“阿姨”起冲突甚至动手，小石的父亲夹在中间非常痛苦，多次要放弃这个孩子，许老师每当此时，就及时上门家访，当起了“老娘舅”，直到这个家和好为止。

在中考那年的冬天，小石的生日到了，许老师被邀请到小石家分享小石的生日蛋糕。

快三年了，小石终于成长起来了！从上课扰乱纪律到关注课堂，从不做作业到按时完成，从遇事举拳的冲动偏激到遇事冷静思考，成绩也从不断进步，冲向了良好。小石由问题学生成为了没问题学生。

从古至今，在教育史上，还没有名文规定家访的具体内容。许老师的家访内容，似乎早就超越了教育的范畴；许老师的角色，与其说是教师，到不如说是当今社会社区的工作者——老娘舅，专门调解家庭纠纷。苏霍姆林斯基曾说过，“一个好教师意味着什么？意味着他是这样的人，他热爱孩子，感到和孩子交往是一促乐趣，相信每个孩子能成为一个好人，善于和他们交朋友。”朋友有难，当拔刀相助。许老师的每次上门家访，大多是出于为小石排忧解难，因为她深深感觉到这个孩子身上所表现的问题，都是他渴望得到关注得到爱的一种方式。当然小石家庭的和好，是许老师家访额外的巨大收获。

教育者深知，每一个问题孩子，背后一定有一个问题家庭。解铃还得系铃人，要彻底解决孩子的问题，必须解决家庭的问题。小石的家庭问题的核心人物就是他的父亲，所以许老师多次家访，其诚恳与真诚感化了这位医生。家庭和睦了，孩子的问题就自然消失了，因为小石这孩子缺的就是爱。老师的家访路，是一段苦旅，但苦旅的尽头，是一个生命的健康向上，是一个家庭的和谐幸福。

不愿意去家访

一天要开家长会，在走廊上，一个穿得非常暴露、画着吊梢眉、血盆大口、妖艳动人的女人搭住了蔡老师的肩膀："蔡老师，我儿子交给你啦，承蒙多关心。"蔡老师足足被吓呆了几分钟，才回过神来，原来这是小杰的母亲。蔡老师一查学籍，原来小杰的母亲离异、无业，蔡老师的心揪了起来。

小杰是个非常胖的孩子，早晨迟到是他的正常情况，哪天不迟到反倒不正常了。因为她的母亲要很晚起床，早饭也不给儿子做，让儿子到路摊上随便买点吃吃。小杰经常完不成作业，有时上课会说点幼稚令人发笑的问题。

蔡老师觉得有必要上门家访一次。约定的时间是晚上20：30，蔡老师估算，自己如果先回家吃了晚饭去，估计来不及，因为家访的地点很遥远，而且是个陌生的地方。于是蔡老师就在学校旁边的小店吃个面包就出发了。家访的地方不是住宅区，而是一个小饭店。蔡老师终于等到了小杰的母亲。那时正值寒冷的冬天，蔡老师穿了厚厚的羽绒服，可是小杰的母亲却穿着低领内衣，外面披了件时尚的皮外套，她涂脂抹粉，右手夹着香烟，说上几句话，就要朝天吐个烟圈，走起路来不断地摆动着腰肢。谈话时，她的手机铃声不断响起，她总要娇声娇气地说上一会。蔡老师觉得非常不自在。蔡老师向她说了小杰在校的许多优点，这位母亲接过话头说："我的家庭都是知识分子，他外公是教师，他表哥是大学生……"蔡老师顺势赞扬了小杰良好的家庭氛围。蔡老师又向家长提了点建议，比如克服迟到、不做作业等问题，这位母亲倒满口答应了。第一次家访就算成功，但蔡老师想，今后再也不要来家访了。

有一天，第一节课都开始了，小杰还没有到。蔡老师电话联系后，才知道小杰在家赖床了。电话声中，蔡老师听出她的声音很慵懒。中午的时候，蔡老师联系了这位母亲，准备上门家访。这次蔡老师带上了一支小分队：班长，小杰的同桌和好朋友。这位母亲看到来了这么多人，态度认真起来了。立即打开小杰的房门。班长等人友好地和小杰攀谈起来，并敦促他赶快上学，下午学校还有趣味体育活动呢。小杰高兴了，终于跟着老师同学上学了。蔡老师这回的家访非常顺利。

后来，小杰的赖床毛病又复发了几次，蔡老师每次都带分队前往家访，大获全胜。渐渐地，早读的队伍中，永远有了小杰的身影；作业堆中，常能看到小杰的作业本了。

在这个事例中，蔡老师通过家访了解了小杰懒病的原因，采取了巧妙的对策，使小杰获得了进步。看到小杰母亲和小杰的慵懒，我们也深知家访是一门高超的人际交往艺术。这样的家庭，这样的家长，令教育者很抓狂。但是只要教师对学生有深深的责任感，遇到的困难越多，教师的智慧就越多，家访的办法也会层出不穷。冰心说："情在左，爱在右，走在生命的两旁，随时播种，随时开花。"家访现实了教育的大爱、大美，亲爱的同行们，走上家访的苦旅，播种吧。

一份特殊的奖金

在一次班主任交流会上，张老师的讲述感动了大家，他说，在这里，我要讲的是一个小故事，不一定适合所有的学生，但是，却适合小晶。小晶是个内向、踏实的孩子。从小，妈妈对她的要求就非常严格，甚至到了苛刻的地步。小晶胆子非常小，人前连话都不会讲，一开口就是结结巴巴的。平时乖得站在人群里都找不到她，再加上成绩中等，实在是班级上最不引人注目的一类人。接班一个学期了，我跟她讲话交流的次数超不过 20 次。但是我知道她很努力，学习态度非常端正，是个好孩子。

期末，学校给每个班级发了一笔基金，可以用来奖励优秀学生，也可以扶持贫困学生等。我想来想去，想到了小晶，为何不可以把这笔钱作为鼓励中等学生的奖金呢？一般来说，教师的眼里，经常看到优秀生和差生，教师对遵纪守规、学习较自觉但不突出的“安分守己”者，一贯既放心又不太关心，这批中等生几乎就是被忽视的群体。这对他们（她们）是何其不公啊？寒假的家访我本来就准备把重点放在这些中等同学身上了，现在学校的奖励政策岂不为我的工作锦上添花？

与小晶家长取得联系后，我挑了个周末的晚上去家访。得知家访的信息，小晶的妈妈特地请假早回家，一向关心她的爷爷甚至到新村门口等着我，我特别感动，同时也感受到了他们的真诚和对孩子的期望。这次家访的不同寻常之处，就是我特地代表学校给小晶奖学金；家访的内容其实没有什么特殊，我只是对小晶的妈妈强调了三遍："不要给孩子过多的压力，小晶的习惯已经培养的很好了，现在需要的是肯定和鼓励，让她有自信寻找适合自己前进的方式，不要过多干预"；对小晶强调了两遍："良好的成绩来源于科学的学习方法和对自己的自信，老师眼中你是非常棒的，今天的奖励就是你实力的证明，相信自己可以超越他人！可是你的方法制约着你，提高时间的利用率和保证充足的睡眠对你至关重要。"从小晶兴奋的脸上我看到了希望，不过，这只是一个开始噢！

第二个学期开始了，小晶的作业被作为范本拿出来交流，这让大家有点惊讶。我不动声色，只是经常会关心一下她回家后的学习时间和各科作业的正确程度。小晶的表现也我都感到惊讶，她仿佛从沉睡中苏醒，全力以赴投入学习中，几次小测验的成绩已经让老师惊奇，上课的专注程度也让老师欣喜。期中考试，她的总分已经让我们班一帮自大的男生目瞪口呆。一次次的进步增强了她的自信。恰逢学校评选"美德少年"，我推荐了小晶，班里的女同学帮助她拍摄了 MV，在与同学的互动中，她不仅更加自信，也交到了很多好朋友，人也变得开朗起来。转眼一个学期又结束了，在期末的家长会上，我安排她作为代表向家长汇报学习心得，她担心极了，担心一开口还是会很结巴。我跟她说："第一，这次你一定要发言；第二，结巴是因为你紧张，并不是你真的有病，多练习自然就好了；第三，这是一次考验，学习困难面前你都没退缩，更何况是一次小小的发言？上！我相信你！"家长会上她的良好表现让所有家长认识了一个通过努力让自己变得优秀的普通孩子。一路走来，小晶现在已经是班级第一了，成了同学的榜样，老师和家长的骄傲。

张老师的家访，似乎很平常。但从时间来看，是春节前，张老师是上门进行春节慰问，而且带去的是学校的慰问，这个行为，对一个普通的家庭来说，是很光荣的大事；从内容来说，她是专程奖励学生，这让一个从未受到教育奖励的家庭感受到了学校的重视。所以，这次家访，对这个家庭，对学生，都起到了极大的激励作用。现在的教师，承受着来自各个方面的压力，客观上的确不可能对每个学生都倾尽全力。可是如果教师能尽力对学生好一点，对学生多一点中肯的赞扬和关心，一定会为学生打开不一样的天空！

冒昧的家访

2003年的春天，是令人恐怖的春天，非典流行。可是蔡老师的学生们却正在热恋常州的各种桥梁，跟着老师行走在常州的大小河边。他们的活动名称很响亮——常州桥文化研究。学校非常支持这个实践活动，还另派了几个指导老师。学生的队伍很庞大，蔡老师的全班同学都参加了。

学生们要通过实地考察、采访、查资料等办法，了解家乡桥梁的历史，要从桥的建筑结构、使用材料、建造情况等来了解常州建筑技术、艺术的发达，学生还要思考桥在经济、文化、交通中所起的作用。他们研究的桥，都横跨在古运河上，大大小小几十座。这个实践活动工程非常巨大，幸亏学生们分工后成立了7个研究小组。

在这样的时刻，家长们多少有些担心。于是蔡老师利用电话与绝大多数家庭进行了沟通，得到了支持。

这年的4月份，已经考察到最后一座桥了，它远在郊区的卫星小镇。蔡老师带上小组出发了。其中一小组成员小朴的家就在这个小镇。考察完古桥，学生们很想到小朴家去玩玩，蔡老师不能丢下学生们先回家，她必须把学生安全带回城市。于是，蔡老师带着学生“突然”访问小朴家。其实，小朴的父母亲、奶奶早就知道这天老师会带着同学来镇上，他们也很盼望师生一起来家里做客。所以，蔡老师的队伍刚到小朴家村口，小朴的奶奶就在门口眺望了。

进了家门，蔡老师拿出考察的照片、录像给家长们分享，家长们对活动充满了惊喜和欣赏，并庆幸小朴能遇上好学校和好老师。蔡老师还把小朴等人合写的散文《龙城桥韵》给家长欣赏，并表示回校后将把其做成电视散文。这个时候，小朴的父亲发言了，他说，他喜欢做VCD，而且家里也有设备，既然女儿参加这个活动，他愿意助一臂之力！

蔡老师惊喜：这真是踏破铁鞋无觅处，得来全不费功夫啊。于是，师生们进了工作室，蔡老师负责指导学生分角色朗读，家长们当工作人员，电脑录音、递话筒。学生们对自己的角色非常认真投入："三吴重镇，八邑名都，说的是常州；人杰地灵，江南明珠，说的是常州；小桥流水，人文荟萃，说的还是常州……莘莘学子啊，放飞你的理想吧，用你的智慧与才能去创造龙城平易中的奇崛，婉约中的豪放，古老中的崭新……"家长简直就是在欣赏一台朗诵表演，他们沉浸在小朴们横溢的才华中了。整个录制工作非常顺利。然后，蔡老师又指导孩子们整理了图片录像，小朴的父亲当上了剪辑和合成大师。

当事情完成，大家走出工作室的时候，小朴的奶奶已经准备了一桌丰盛的午餐了，都是乡下最新鲜的菜。师生们和家长们一起分享了难忘的盛宴。

后来，电视散文在校园隆重播出，接着，"桥文化网络大讨论""桥文化研究课"等一个又一个成果不断推出，各级奖项捷报频传。

家访似乎基本上是单行的，教育者向家庭输送完教育能量就结束了。可是，蔡老师的这次冒昧家访，让人看到了一个师生、家长融合在一起，互帮互助，尤其是家长帮助师生的宝贵场景。这不得不让人思考这次家访的成功之处。蔡老师在家访中，进行了角色的转换，让家长的孩子、让其他学生当主角，充分展现才华，蔡老师是配角，协助孩子们展示。这不仅让家长亲眼见到了孩子的成才，还亲眼见到了教育者"俯首甘为孺子牛"的精神。所以，家长因受到师生团队的感染，也被吸引到活动中来了。这次家访，其实是一次学生展示才华的"汇报演出"，这样的家访，是极其受家长欢迎的。另外，小朴因为有同学们在一起，所以她也乐意在亲人面前展示自己，老师知道她心中的小秘密。

看来，家访非难事。访之，则难者亦易矣，不访，则易者亦难矣。行动吧。

第五章

利用网络平台　触及真实感受

作为一线的教师，每一天都会和学生打交道，每一天都必须和受教育者交流，但是我们真正对学生有备而往了吗？

“不得不承认，对于学生，我们知道得太少”，这是卡耐基·梅隆大学教育学院（Carnegie Mellon University）介绍中的一句自白，也同样是美国十大教育类年会中出境率最高的核心议题。人们还沉浸在信息化浪潮里，大数据时代已经走来，未来已来，如何用信息化手段来走近学生，通过大数据真正实现“因材施教”？真正读懂我们的学生？

本章讨论的是，处在信息化社会，教师如何以信息化、大数据的视角去理解每一天学生所产生的鲜活的思维、碰撞的火花、心灵的邀约？

“对学生一网情深？”

1. QQ 交流的意外收获

下面是我校周老师写的一段教育案例，和大家分享：

一直都在为学生玩电脑而烦恼，不知道如何有效地控制和引导。

一直都在为如何和学生沟通而烦恼，不知道怎么走进他们的心里。

本学期的某一天，又因为学生上网的事大伤脑筋，据说有人在空间里“大放厥词”，一怒之下，责令他们把 QQ 号告诉我，让我上他们的 QQ 空间去看看有没有什么“好”事。查看下来，有一些学生发发牢骚，也没什么大不敬之词，于是就把此事搁下了。没想到有学生就此知道了我的 QQ 号，纷纷上网要求加我为好友。刚开始，我还不大乐意，后来看他们还很热情，就加了他们，但也没有当一回事。

一天，打开空间，发现有学生更新了日志，写的是运动会的见闻感受，看完后我大吃一惊。该生在我印象中，作文并不好，常常词不达意，那篇日志居然写得声情并茂，言辞通畅，文采斐然。大喜之下，我特意把那篇日志打印下来，在作文课上先朗读了一遍，然后让同学们评价。最后我总结，发表我的观点。课后我也在反思，为什么不能利用 QQ 空间，利用网络为我们的教育教学服务呢？作文的能力就是在平时的积累写作中提升的，不能仅仅靠课堂上布置的几篇文章写作练习。学生们在空间中能发挥出更好的水平，一方面是因为非命题作文，贴近学生实际，学生有话可说；另一方面是因为学生把自己的文章贴在空间里，看得人多，自然会比平时更用心去写。于是，我有意识地不再阻止学生周末上网，鼓励他们把心里话写下来，有空的时候，我会进入他们的空间品读他们的文字，了解他们的心声。当然他们也能进入我的空间，了解我这个平时似乎总板着脸，和他们拉开距离的班主任老师。他们会在我的空间里留言，表达他们的祝福，提出他们的建议，而我也会一一回答，在他们的空间里给他们的文章写评语，提出修改意见，对他们的疑惑和困扰，给出老师的建议。一学期下来，我觉得我比以往两年更了解他们，而他们也比以往和我亲近了许多。我觉得虚拟的空间其实是现实的延伸，如果引导得当，它会折射现实世界的种种，并让我们在现实生活中做得更好。

该教师对学生利用QQ的心路历程一目了然，一开始的排他到接近到利用，多妙的教育效果！如果说师生之间的墙推倒了就是桥的话，那么这座桥应该可以用网来编结。网络时代的来临，是任何人也阻止不了，我们的学生是网络时代的土著居民，为何不对学生“一网情深”呢？QQ和QQ群的建立，对于班主任工作是目前最流行并且最有效的网络交流平台，成为班级信息化工作的一个创新平台。它不仅是讨论某阶段活动、学习的好方法，学生可以通过班级QQ群讨论某阶段活动，也是相互学习的一种好方法；也是传输各类文件、资料、图片的最低碳手段，在班级QQ群里，家长和学生都可以上传各类学习资料和家教经验，图片等，把信息的传递及时化，有效化，而且更加的经济和低碳。

更重要的是认识学生、交流沟通感情和及时疏导的好载体。

故事还没结束，周老师的故事还有续集

还有一次的经典对话一直成为班级的笑柄：

时间：周末下午

地点：班级QQ群

人物：3~4位在线学生、糯米粥（周老师的网名）隐身

过程：

小A：明天穿什么颜色的校服？

糯米粥：明天穿秋季校服，天冷啦。

小 A：糯米粥是？（注：大家都用网名，同学们未必能把每个网名都认识，何况我是新加入的，所以有些人不知道）

（无人回答……稍候）

小 A：今天英语作业答案有伐？

小 B：（忍不住大笑）

糯米粥是班主任，你还敢要作业答案!!!!

（停顿几秒）

小 A：我做好了，对对答案罢了！

对于这件事，第二天我就先和这个学生“交流”下，然后班级把这件事好好的点评了一番（虽然我并没有点出学生的名字，可是当时在线的同学们早就把这事传得沸沸扬扬了），对于平时晚上是否有必要一直开着 QQ、QQ 到底该发挥什么作用在班级里谈了自己的一些看法，同时强调老师绝不是反对大家使用 QQ，但是凡事要都度，应该要学会控制自己。于是大家都知道了班主任已经深入到了班级 QQ 的内部，而且总是隐身上网。

不知道是不是我的教育起到了作用，我的学生们一下子乖了起来，除了周末依然热闹以外，大家都不见了踪影。我还自觉小有成就感，心里美美的，可是一天网上发生的事情却让我大有挫败感。

时间：某周六晚上 8 点

地点：QQ 群

人物：小 C 在线、糯米粥（隐身）、若干隐身者

过程：

小 C：老班在？（他们有时也管我叫“老班”）

片刻沉默……（我没打算和他聊天）

小 D（隐身者）：哈哈，她不在，找她什么事？

小 C：问个物理问题。

小 D：说来听听，我物理学得也不错。

小 C：你不懂的

见此状况，我开始发言了……

糯米粥：在，问吧！小 D，你怎么知道我不在?！而且还隐身!!!

小 D：(尴尬的流汗)

小 C：老师，神十航天员太空授课是实验还是魔术?

……

一个有意思的物理题目探讨开始了，我、小 C、小 D 讨论会开的兴致勃勃的时候，想不到的事情发生了，屏幕上陆续的出现了小 E、小 B 的发言，看来他们都是耐不住沉默了，都想在这个话题中发表意见！大家明白了航天员通过质量测量、单摆运动、陀螺运动、水膜和水球等基础物理实验，展示了失重环境下物体运动特性、液体表面张力特性等物理现象。最终我不得不感叹地说：“原来我们是一艘大的潜水艇啊，大家深藏不露嘛。

这件事不得不引起了我的思考……

思考一：面对这个新时代衍生出来的新生事物，作为教师既然堵不住，又不想轻易的放弃这块阵地的话，那最好的选择自然应该是疏导。所以在这个平台上，老师还是应该给自己重新定位，既不能失去老师的原则，但也不能仅仅把着师道尊严不放，要能够与学生打成一片，有能够将自己的教育化作无声春雨，不留明显的教育痕迹，成为一个疏导高手。(王春阳《班级 QQ 群，网络时代班主任工作的优化》)

思考二：随着时代的迅速发展，网络走进了越来越多人的生活中，特别是学生对于这一新鲜事物的接受能力很强。网络能够拓宽人们的视野，带给大家更多更快的信息和知识，可以从很多角度来丰富人们的生活，但是同是网络也能够消耗人们很多的精力，传播一些不良的内容。由于学生没有太大的自制力和判断力，对于网络这把双刃剑，缺少必要的认识，很容易在里面迷失方向，过度的沉迷于其中。

QQ 就是在这个时候诞生的一个新的事物，它成为学生们生活中一种必不可少的交流方式。作为老师同样也是一个新的挑战，如何利用好这个平台，使它成为自己德育教育的一个工具，让它同样成为了师生之间交流的一个很好的渠道，这的确是一个很大很新的课题。（高飞　我们的班主任 QQ 群——《人民教育》2010 年 19 期）

2. 看说说，有表情更有心情

小航是我们班一位“油条大王”，也是一位大大咧咧的男孩，也是网游高手，不知道从何时开始从群里面游入了我的 QQ 好友里面，我便因此经常看见他几乎每周更新一次的 QQ 说说。

作业快把我压死了

有一天，我看见小航的说说如此吐槽：作业快把我压死了。显然作为学生，没有不被要求做作业的，而学生也是最讨厌太多作业的。第二天我便深入学生之中了解，翻看家校联系本，阅读家长签字的信息，有几个孩子作业速度慢，是有点晚，但是小航作业速度还是蛮快的，当时我想这个孩子显然就是想排遣下不良情绪，作为教师，有的时候也需要冷静处理，按兵不动，免得以后的说说太假，但是我仍然高度关注作业量的问题。到了下午的自习课上，我看见课代表真的把没交作业的学生姓名记录在班级常规本上，有小航等几个作业习惯不好的孩子，经了解原来是英语老师前几天布置了每周需要做 2 篇阅读理解，每周二检查。有学生就忘记了这样的一周一次的作业，不会合理安排时间去完成，既然这样，我就必须面向全班同学交流学习方法和培养责任心的问题，如何让一周一次的作业不会忘记？什么时候做这样的作业最巧妙？就如此两个问题广泛探讨，交流。最后学生们一起得出了这样的结论，周一由课代表或者学习委员进行友情提醒，或在自己的书桌前写好备忘录，还有同学提出我们班级就周二上午第一节正好是英语课，看见课表，就想到这一天有英语阅读要上交等，多好的办法啊！第二个问题是什么时候做这个作业最巧妙，答案还要丰富多彩，有人说周五晚上第一时间去做，也有人说哪一天作业不多的时候做，也有学生说就应该把它当成周末作业，等等。我与小航目光交换，看见他紧缩的眉头舒展了。

作为教师，经常会为学生不完成作业而头疼，如果一味说教，学生反而抗拒，不做作业肯定有原因，在这个说说中，看得出来，学生缺乏态度，但是更加缺乏方法。只能先帮助学生解决方法问题，才有说服力去追求态度问题，而不是相反。在这个案例中教师通过全班教育，指明方法，暗含对大家作业的高度关注，起到润物细无声的效果。

作业啊！！累！！

作业风波刚过一周，我看见小航又在说说中说："作业啊！！累！"，三个感叹号，无疑又在对作业问题纠结了，孩子们是不容易，不累是不可能，但是为何接二连三小航会对这个问题发出信号？我陷入沉思中。按照道理，经历了小学毕业班，七年级的作业量应该在学生的可承受范围之内，语数外三门是每天都有，但是基本上在半小时之内，有的时候还有自习课，至于这么累吗?！我又必须寻找答案，捕捉不到任何作业量多的信息，我灵机一动，决定开一个主题班会，主题就是《成长的烦恼》。

在翻阅小航的烦恼时，找到了答案。

成长的烦恼

大人常说：小孩子是最无忧无虑的，殊不知我们也有许多成长的烦恼。

七年级紧张又短暂，以前过惯了自由散漫的日子，我一下子感到学业的紧张。每天加量的作业压得我透不过气来，几乎两天就会有张考卷，老师上课的节奏好快，而我只要早点做完家庭作业，妈妈就会疯狂地布置大量其他作业，比如背英语电影台词，背《智慧背囊》好段句。爸爸也总不失时机地收集我的数学错题，变本加厉地批评我，罚我修正重做，我总要熬到很晚才能休息。

虽然很苦很累，我却知道他们是为了我好，为我提高学习能力操心。他们也累，这都是我“害”的呀！可我总在苦恼，爸妈为什么要给我增加这么多的学习压力？每当我一想到自己的愚蠢导致学习上这样那样的错误，我会久久的沉默。面对妈妈对我马虎、拖拉的反复唠叨，我仿佛梦中都能看见她在我面前指手画脚，我只恨自己的那些坏习惯害了我而悄悄流泪。

这样的烦恼一直困扰着我。我知道，成长的路上，不可能没有烦恼，人生的道路也不会始终风平浪静，真希望这样的烦恼早日离我远去。

原来是这样的，我明白小航的家长望子成龙心切，在小学里习惯没养好，家长便决定一定要在初中起始年级花力气拯救他，便开始了“魔鬼训练”，既然是这样，我让家长对孩子的烦恼进行点评，倾听孩子的声音，让家长明白孩子的累和苦，让青春期的孩子有一个良好的亲子沟通的渠道，谁知小航的妈妈写了一封回信，截取片段：

是的，孩子，妈妈会在你早早的做完作业后或者在你空闲的时候，布置一些知识的积累和背诵，如果没有这些知识的日积月累，你会在考试有扩展的时候束手无策，数学题被爸爸罚做你是先深思自己存在的问题，还是只记恨老爸的心狠手辣？如果你仅仅为了反对爸爸妈妈额外的“作业”，采取故意拖拉学校作业的时间，以此达到时间晚了就不用再做了的目的，那么你不仅离你的目标越来越远，与同学之间的差距也会越拉越大，妈妈知道，你一定不愿这样。妈妈知道你有压力，但是能把压力化为动力就了不起。我们如果用上好习惯，好方法，又好又快地完成学校的作业，节省下来的时间就可以积累课外的知识。既不耽误家庭作业，还能为自己补充给养。这就是良性循环，是正动力。时间多么宝贵啊，眼看你就要迈入八年级，妈妈觉得我们已经错过很多，再不抓紧为自己夯实基础，到时后悔就没有机会补救了。能懂得珍惜时间的孩子一定会有大大的收获，难道你不想做这样的孩子吗？

在对话室里，我静静地对小航读了以上话语，小航略有所思地点点头。

哦，原来如此，孩子的说说让我介入了一场孩子和家长之间的对话，我在思考和追问自己，教育的本质是什么，教师究竟应该给学生什么？如何帮助学生认识自我？这次说说的故事至少可以让家长明白，孩子是人，他们就像一粒种子，只有不断地给予温度、湿度和养分，按照孩子发展规律去引导和积淀，循序渐进地涵养，他们才会有甜蜜的结果；让孩子明白家长的用苦良心、自己应该明白的道理和承担的责任，只有相互沟通，才会有期待的结果。如果孩子和家长之间一直没有解决这个疙瘩，那么一边是家长的苦口婆心，一边是孩子的消极抵抗，何时是个终了？这样孩子会获得生命的成长吗？

Noting can stop me love you！

你看这个孩子够大胆的，居然又在说说里面说这样的话，让我顿生鸡皮疙瘩，如何理解他的“Noting can stop me love you！”，Noting 还拼错！作为教师，职业的敏感高度关注“love you”这个词语，究竟他想表达什么呢？这次我与他有一个面对面的交流，因为青春期的孩子，对于异性肯定会有遐想，我寻找了一点资料，决定开展一场严肃的洗脑教育，打印下来的封面上是这样写的：花季的情感是一种最美好的情感，然而处理不当，就会遗憾终生，人生的每一个阶段都有每一个阶段的使命，我们千万不可以在春天就去挥霍夏天，莫让情感航船过早靠岸。然而小航看了半天一脸无辜的样子说看不懂，这样的语境还不懂，装和抵赖呗，我心生恼怒，让他继续看下去“有位作家说过，早恋是一朵带刺的玫瑰，我们常常被它的芬芳所吸引，然而，一旦情不自禁地触摸，又常常被无情地刺伤。”他说：“老师，我明白了。”我心里想明白就好，真是聪明的孩子，还不等我说下早恋的危害和正确的做法，小航突然扑哧笑了起来，说：“我明白老师的意图，我知道我说说里面的话让你多虑了。”原来小航家里养了一条贵宾犬，从小到大的伙伴，由于小航的功课紧张，爸爸妈妈决定要送给一个亲戚寄养，小航由此在说说上发表感慨。哦，原来是这样，让我觉得自己小题大做了，我赶紧着告诉小航，老师理解错了，对不起。真是一场误会，让我释怀。但是我还是建议小航在写说说能积累一些生活素材，增加积累的厚度，而且在说说中尽可能不要有错别字和歧义，他才意识到问题的严重性，本想秀一把英语的，哪知漏了一字母，羞愧地对我说他一定会细心点的。

也许这个说说并没有按照我的预想那样，收到预期效果，但是我了解了这样一个大大咧咧的孩子，他是懂得感恩、懂得珍惜情感，显然没有必要再在这个问题上纠缠，最后的建议没有露骨的批评，但是让孩子明白，该如何对待说说里面的话肯定有一些启发。孩子的马虎与随意相信一定会有所收敛。

既然学生的说说可以让我看见，我的说说也是可以让学生看见，所以通过这样一个很微妙的载体，让学生懂我，我也更换了自己的名字：向日葵守望者，在说说上经常更新我的心情。让关心我的孩子们有一个瞭望的窗口。美哉！

3. E家亲的故事

“没有爱就没有教育”，对于教育工作者来说无论怎样强调都不过分，其实我一直心存疑惑：是不是有了爱就一定有教育？理性的实践带给我的认识：教育是一种相互感动。

我们的学生在自己的班级网页里写下了下面的两段文字，老师看了居然泪如泉涌。这是为什么？还是让我们来看孩子的文字吧。

一

最近班级里好像很忙，嗯，就比如说艺术节、体育节，都要忙着做创意设计。这是为了能拿到最起码的“最佳创意奖”，都要忙着锻炼体育项目。运动员们都想着能拿到好的名次，为班级争光，为班级拿分，抢着得奖。宣传委员，美术课代表们，都要忙着做艺术节，体育节的小报、黑板报。虽然现在大家都很忙，每个人都为了班级多少有点任务，但是，为了班级，我还是会给每个人布置一个任务。放心，这个不需要有运动员们的体力耐力和毅力，也不需要有很好的艺术细胞，因为这个任务不需要画画，不需要唱歌、很简单的任务。有时是只需要一时的克制，有时是只要再忍一秒种，可能就会好点，可能就能完成任务。

呵呵，猜到了吧。就是管好自己。因为，现在我们都知道，我们有任务，老师也有任务，可能老师的任务比我们还要重。她在完成自己艰巨的任务之时，还要担心班级的纪律，还在为着班级的成绩着想，还在为了班级里的某几位调皮的同学感到无奈，还在担心交给同学们的任务，能不能按时完成，完成的效果怎么样！老师真的是很累。我们都知道，我们的严老师，是很严、是很好，在我们看来，她可能是几乎完美了。我们也会想：老师这样累不累啊。可是，我们万万不知道，她也不是万能的，她也是个女人啊，她也有疲劳的时候，而这个时候，就要看我们同学的了，我们是否能管好自己。是否能完成任务，让老师开心。

我想，说了这么多，同学们也该大概知道个789了。我知道，我们同学们，每个都很乖，都会体贴老师。所以，就在这几周内，我不需要同学们做得太好，至少，不要让老师在感到很累，至少我们不要让老师发火！OK？我认为这个任务，是很简单，简单到每个人都能做好！

二

还记得，我们新生报到后，在校军训的时候，老师给我们看一些教育意义的影片。(很无知)

还记得，我们第一次穿着代表着太阳的黄色校服，一起踏进我们的操场举行开学仪式。(很憧憬)

还记得，我们在第一学期通过自己的努力，拿了几张奖状，最后还被选为文明班级。(很期待)

还记得，我们进入第二学期了，又通过种种努力拿了很多奖，我们很开心！并一起许诺，要继续努力！(很辛苦)

在七年级，我们学会了如何做人，如何做事如何学习！

在七年级，我们学会了大胆创作，认识到了团结的力量！

……

如今的我们，再也不是刚刚进校园，懵懵懂懂的新生了！但是，我们不能忘的是我们曾今努力过的事实！我们曾经拼搏过，曾经创作过，曾经开心过，曾经，我们也伤心过。

我们努力的见证：

自习课，我们学会自主学习，不要老是被人管着。

早读课，我们学会大声读书，不要别人看着也可以自觉地拿出书来读！

第一节课下课，我们知道有事做。快收作业并能按时交到办公室！

在课间，我们知道不能追逐大闹，不能买零食。

在午间，同学们似乎都能意识到珍惜时间。

下午的课，同学们总能拿出12万分的精神上课。

第四节课下课，同学们也知道该抄完作业静候老师来放学。

虽说，在别人看来，我们进步了，我们改了很多的毛病，但是只有我的同学们才知道。我们努力过，我们奋斗过。

现在，我们都进入了初二，我们也感觉到，初二的生活比初一要累得多！我们也渐渐地感觉有些吃不消，甚至有些老毛病又都渐渐的回来了。

但是我们也一直在奋斗！我们想变好，想变强！我们其实并没有放弃、松懈过。因为，我们同学们心中最重要的就是这个班级！

我们都长大了很多，所以为了班级的发展，我们必须努力！我们也必须变强。只有这样，才能长久的维持下我们班级的荣誉。

进入初二了，我们要加油！

对上面两段文字，我基本没有进行润色，保留了原始风貌，只是对标点符号稍作修改。客观地讲，学生的语言表达能力不怎么强，但字里行间却浸透了对教师的理解，对自身行为的觉醒，对集体荣誉的追求。学生写出的文字，其实是对教师工作的肯定，是对教师行为的一种感动。我们可以想象，学生的感动倾注了教师多少的心血和汗水！

老师的感动其实很简单：在一群孩子中的一个，当你在烦躁时说了一句可心的话语，当你在烦恼时做了一件走你心经的小事，当你在期待时实现了你的一个心愿……

当教师和学生之间有了相互的感动，我觉得就是成功的教育，也是幸福的教育。

网络是了解学生的高手

1. 利用网络环境，积极开展学生思想教育

这是我参与常州市电教馆组织的一堂网络课《远离网吧　远离犯罪》的思考与启发。

随着网络时代的到来，丰富的网络资源，给我们的教育教学提供了更多的契机。在政治课教学中，如何利用网络趋利弊害积极有效开展思想政治课教学，该课题明确切入点、找准结合点、联系社会热点，让师生真正体会到现代化教学手段的艺术魅力，挖掘这座具有巨大发展潜力的课程资源库，适时地给予学生教育。

选择课题和教学手段的背景

作为在教学第一线的一名初中政治教师，我与正处在青春期的孩子相处在一起，在我的教育生涯中，我收获着学生成长的喜悦，但是当中学生迷恋网吧而荒废学业乃至误入歧途时我痛心不已。在“互联网时代”，“虚拟”世界的“繁华”，使得很多青少年沉溺其中，网络犯罪以及网吧等娱乐场所对青少年的危害渐渐地显现出来，并以极高的速度蔓延，作为青少年该怎么面对？这就要求中学的思想政治教育要跟上时代的发展。美国著名的未来学家托夫勒曾说过这样一句名言：“谁掌握了信息，控制了网络，谁就将拥有整个世界。”在这种情况下，学校作为培育人才的地方，理所当然地要有所作为。作为一名政治教师我感到责

任重大，我的课堂应该落实法制教育。我搜索了大量的资料，我采访了常州市天宁区少年法庭的法官，没有想到青少年涉网犯罪已经足以引起全社会的关注。

然而在平时日常教育过程中，谈网色变？置若罔闻？说服教育？或许这已远远不够，我想为何不让课堂教学走进学生的心灵？我选择了在网络教室用网络平台来与学生探讨远离网吧的问题。事实上思想政治课进行网络教学具有不少有利条件。首先，政治课的教学内容具有开放性、发展性的特点，充分利用网络资源和网络手段进行教学，不但可以充实政治课的教学内容，解决教材滞后的问题，还可以丰富政治课的教学手段，提高思想政治课的教学实效；其次，因为初中生正处于少年期，身心发展有着与其他年龄段许多不同的特征，青少年学生对社会重大问题和热点问题有高度的敏感性，而网络又往往在第一时间反映这些问题，满足了学生的求知欲；我们必须把所教知识蕴藏在鲜活的生活实际之中，通过学生的道德践行和生活实践，促进思想品德的知行统一。我想告诉学生，网络是丰富的，它并不只是游戏、不只是玩。

看到同行利用网络教学让我由羡慕到想去尝试，我相信网络能为我的教学推开一扇门，我一直想尝试是否能在网络环境下建立学生学习的新天地。尼葛罗庞帝在《数字化生存》一书中对成年人发出忠告“信息社会，最大的鸿沟将横亘于两代人之间。当孩子们霸占了全球信息资源时，需要努力学习迎头赶上的是成年人。”这实际上也对我们政治教师敲响了警钟，如果我们能对网络的应用有较多的了解，能针对网络中出现的难点、热点问题，制作成软件，这样才能从思想上正确引导学生，从方法上正确指导学生。我们政治教师必须有创新意识，因为互联网为思想政治工作的创新提供了一个重要的平台，计算机网络集文字、声音、图像于一体，可以创造一种轻松、愉悦的受教育情景，使受教育者感知的信息更为深刻、全面，从而大大增强了思想政治教育的辐射力、影响力和感染力，同时，利用网络资源快速传输性特点，可以提高思想政治工作的时效性。

体现的课程理念与技术支撑

教育是培养人的活动。培养什么样的人（目标），是教育的首要问题。在知识经济时代下，基础教育的新目标之一是：“培养具有在信息时代生存和发展能力的人”。也就是要求采取新的教育手段：“更新‘教’的观念和方法，改革‘学’的环境和工具”，培养出能够适应数字化生存环境的新一代公民。新的思想品德课标强调，以学生逐渐展开的生活为基准，教学“要面向丰富多彩的社会生活，开发和利用学生已有的生活经验，选取学生关注的话题，帮助学生理解和掌握社会生活的要求和规范，提高社会适应能力。”

网络教学的理论基础是皮亚杰的建构主义理论。建构主义认为，知识不是通过教师传授得到的，而是学习者在一定的情境即社会文化背景下，借助其他人，利用必要的学习资料，通过意义建构的方式获得。政治学科有其自身特点。它要求学生能根据社会现象的观察分析汇总，完成知识、情感、和价值观的建构。因此，提供丰富的，全面的真实的客观的材料，是课堂教学成功的关键。而网络环境的资源的特点为政治教学提供优越的环境：信息资源是永远开放的、更新的；传播媒介是多向交流的；传递系统是多媒体的；知识是跨越时空限制的。这些都为我们在政治教学中运用网络环境提供了可能。

为了每一个学生的发展，我将论坛学习引入课堂，将个人的问题发布到网络环境中，寻求他人的帮助，或是主动参与他人问题的讨论，帮助其他个体学习，这种形式不但实现互动开放，达到交流最大化，并且可以让每一个参与讨论的人都有所收获。

教学设计

教学目标：通过网络教学对典型的案例分析，知道青少年走向犯罪的主要原因，并能提出合理的建议，并懂得作为一名青少年要认真学好法律知识，增强自我保护意识，远离网吧，远离犯罪。

教学环节：为了体现“通过生活，在生活中，为了生活”的基本思路我设计了教案。整节课的导入是让学生在引擎搜索上完成搜索关键词“青少年网络犯罪”，让学生真切感受到网络道德和网络犯罪以及网吧等娱乐场所对青少年的危害渐渐的显现出来，并以极快的速度蔓延，网吧已经成为了新的犯罪的滋生地。

作为青少年应该学会正确面对话题，整节课以常州市天宁法庭审判的一少年犯的案例即因为上网吧而不惜去抢劫走上违法犯罪道路为线索而展开，有3个基本思考，即青少年因上网吧而犯罪的现象，为什么会造成以上现象？如何避免？让学生在论坛中各自发表自己的观点。最后在少年犯的忏悔中、在法官（邀请到审判此案的法官）的寄语中让学生感受到深深的震撼。

关于教法

教学过程是一个复杂的人工开放系统，主要包含五个要素：教学指导思想、教师、学生、教学信息、教学媒体。本节课在教法上力求体现以下几点：

1. 利用网络创设开放的教学环境，为学生展现带有生活气息的案例，使学生在真实的情景中学习。利用论坛进行学习大讨论，以此为基础展开想象和思考，自觉地构建知识，提高觉悟。

2. 转变教师角色，给学生提供时间和空间，开展探究性学习，鼓励学生独立思考、自主探索和合作交流，体验学习成功的乐趣。

关于学法

本节课在学生学习方法上力求体现：

1. 在网络平台上自主选择学习资源，利用网络进行即时调查，进行相关问题的搜索，根据具体情境，经历发现问题，提出问题、理解问题和初步解决问题的过程，体验探索的成功、学习的快乐。

远离网吧　远离犯罪

网络作为一种新兴的事物极大地推动了时代的发展，我们现在已经进入了“互联网时代”。但网络在带来便利的同时也带来了一系列的新问题，虚拟世界的“繁华”，使得很多青少年沉溺其中，网络道德和网络犯罪以及网吧等娱乐场所对青少年的危害渐渐地显现出来，并以极高的速度蔓延，网吧已经成为了新的犯罪的滋生地。作为我们青少年又该怎么应对呢？你对此了解吗？

那么，首先请同学们做好调查问卷：［青少年上网情况调查表］

2. 在独立思考、主体个别化学习的基础上，利用网络平台进行合作交流，对自己的思维再度加工，构建积极的认知态度与情感，实现有效学习。

我的学习感受

我的启发与反思

（一）初步成效

尽管仅是尝试，但通过对中学思想政治课网络教学支撑平台的构建、网络教学的教学模式、网络教学的实践操作过程中，教师与学生的感受是如此强烈而鲜明，它具有以下成效。

有利于突出学生学习的主动性

在网络环境下，学生可以从网络中获得的学习资源不仅数量大，而且还是多样的，是多渠道、多视野、多层次、多形态的，是快速与即时的。学生可以不再被仅有的、单一的信息源（或几个教师或几本教材）牵着鼻子走。他们可以从网络广泛的信息源中选择他们所需要的学习材料，以按照自己的认知基础来选择所要学习的内容和适合自己水平的练习，从而易于激起浓厚的主动学习的兴趣。在网络教学中学生与教师是学习活动平等的参与者，师生之间的教学相长成为现实，在活泼、开放、自由的网络环境下，让学生自主地利用信息、选择信息并在此基础上创造信息，具备在网络环境下与他人合作的素养等，全体学生都能参与到对网络资源有效应用、检索、查询、归纳、整理和分析的操作，学生也有可能完全按照他们各自的情况来设计、安排学习，并且可以不断调整，使每个人都能成为学习的主体；在网络中的学习还可以使信息的接受和表达、传播结合，学生通过所表达和传播的对象化成果反观自身，从而获得一种成就感，进一步激发学习兴趣和学习主动性。在网络教学中，学生的学习成为中心，学生从被动的旁观者转变为积极的参与者，从而积极地改变了学生的学习方式，提高了学生自主学习的能力，有利于学生全面系统掌握知识。在论坛上到处都见跳跃的思想火花，形成的发言人数是传统课堂无法实现的，激发了学生的表现欲和成功欲，焕发出课堂的生机和活力，这样开放的课堂，是其他手段所无法创设的。

自主地利用信息、选择信息并在此基础上创造信息。

对网络资源有效应用、检索、查询、归纳、整理和分析。

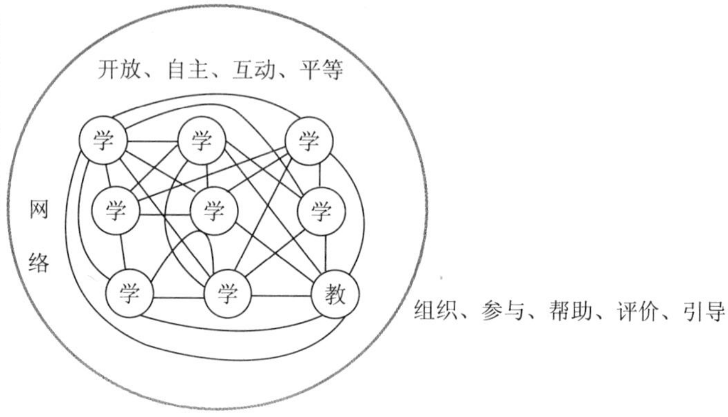

图 5－1

有利于突出学生学习的交互性

交互式是网络的关键特征之一，网络教学使学习过程中的交互作用增强了。一方面，网络教学是对传统的封闭式静态教学方式的大胆突破，打破了“问题—解答—结论”的模式。另一方面，结合所学内容，学生可以通过网络获得更丰富的信息，扩大视野，了解社会动态、科技水平，加深、扩展对所学知识的理解，十分有利于解决现代社会经济、政治、文化迅速发展与政治课教材内容相对滞后的矛盾，如关于网络、网吧与青少年犯罪之间是摆在我们政治教师面前的严峻话题，教师可以整合教材的相关内容，利用互联网自觉构建一个以课堂学习为主的课内与课外学习相结合的综合性学习网络，学生在网络中不仅接受，同时也在表达，教师可以根据学生反馈情况调整教学；学生不仅可以与其所在学校的教师发生交互作用，还可以向提供网络服务的任何一名教师请求指导，提出问题，并且发表自己的看法。这对提高学习质量和学习效果产生了积极作用。这种交互式学习的效果不仅仅表现为学习的效率和质量，也许更为重要的是每个学生从单向式、个体封闭的学习和认知中走出来，学会了合作学习。

有利于突出学生学习的探究性

在网络教学中，教师创设开放的问题情景，引导学生主动探求知识，使学生围绕某类主题调查搜索、加工、处理应用相关信息，回答或解决实际问题，因而网络教学客观上使学生从传统的单向式接受型学习向主动的选择性、创造性学习转变，逐渐形成课内知识与课外知识相结合，老师教授与学生主动探索相结合的教学模式。网络的开放性、多元性的特征可以为学生提供多种选择的可能，使人的思维得以激活，从中演化出创造的欲望和能力。网络教学可以促使学生多方面学习行为发生变化，使学习可能且必须成为主动的、交互的，也给了学生发展创造性的可能空间。在网络教学的平台中学生的学习能力、组织能力、各种网络操作能力、探究能力、认识理解问题能力不断得到增强，使学生形成严谨的科学态度、创新精神、实践探究能力和独立自主发展的人格，充分体现新课程下的“自主、探究、合作”式的学习理念。

有利于实现信息技术与课程整合

（1）“整合”的结果使信息技术优化了教学过程、重组了教材，这是网络教学模式实施的重要组成部分，也是一个前提条件。没有教材的重组，不可能实行网络教学，学生也不可能得到知识的拓展和结构的确立。所以，学生将在知识的拓展中，教材的重组中不断提高和成熟，促进学生智能水平的提高，促进学生认知结构的完善。多媒体和网络技术由于能提供图文声像并茂的多种感官综合刺激，能提供界面友好、形象直观的交互式学习环境，能按超文本、超链接方式组织管理学科知识和各种教学信息，因而对学生认知结构的形成与发展是非常有利的，也是其他的教学媒体或其他学习环境无法比拟的。因为学习任何知识的最佳途径是由自己发现，主动参与探索问题而获取知识，逐步内化，并改组原有的认知结构，从而在整合教学各要素的过程中，达到形成新的认知结构，发展能力。

（2）整合又使课程教学传授了信息技术，提升学生的信息素养，发挥潜在的教育力量，让学生认识到网络是一种有效的学习工具，使学生在网络学习中自觉远离网络的不良诱惑。学生在论坛上这样说“上完这节课，我知道了原来上课也能运用网络来学习知识。在网络的海洋里我们探索知识，这种新的教学方法，让我们能更加形象地来了解该课所要学的内容，从而可以让我们加深课上所学知识的印象，我个人认为信息化的学习能使上课的效率大大提高啊。”

虽然我第一次利用网络上课，但是学生兴奋的眼神，精彩的论坛发言深深地打动了我，如果再次触网上课，我一定会更成熟、更有信心。

2. 麻烦的调查问卷

一年一度的综合实践拉开帷幕，七年级学生非常起劲，第一学期在专任老师的专业辅导下，学生们学会了进行了分工和规划课题的推进，并如期进行收集资料、寻找问题、访谈、整理资料，寻求对策等。而这其中问卷调查是必不可少的。但是在这一环节却出现了波折。

一天，工作能力非常强的两位组长突然非常沮丧地告诉我，她太累了，需要睡觉，还有一位组长说真是太麻烦了，枯燥的 ABCD，没意思。与此同时班主任也接到家长的反映，说孩子太忙了，似乎都在影射综合实践。我非常着急和惊讶，经一番咨询才得知，原来是为了采集和整理调查问卷的数据而煞费苦心，回收的近 3 个班级的问卷需要一一录入电子表格，平时又有正常的课业，挤出时间来整理确实非常辛苦。我真是自责太放手了，美名其曰让孩子们的能力得到锻炼。我该怎么办呢？

如果要放弃收集这一块信息，显然是不妥的，因为学生们对问卷已经精心设计，前功不可弃，再说问卷调查法的最大优点是，它能突破时空限制，在广阔范围内，对众多调查对象同时进行调查，便于对调查结果进行定量研究，能更加显性的去了解学生，那一定是不可或缺的板块。那么能不能有一种快捷而又方便的手段来解决这个麻烦？

我寻求帮助，并发动学生们也一起加入这个队伍，起初有学生建议直接设计电子表格，并发到受访学生的邮箱中，但是这一种方式也有麻烦，电子表格的数据同样需要汇总和整合，需要数据库帮忙，而且时效性差。

我继续不死心，难道没有更好的技术吗？终于有一天，我校的信息老师告诉我，有一个软件可以帮忙，叫数据星，可以一试。http：//www. sojump. com，号称是全球最大的中文调查平台，功能强大，操作简单，平均 15 秒就有一个用户在问卷星上做调查。这不正是我想要的结果吗？学生们马上投入开始发布，得到信息组老师的支持，迅速完成了答卷，也立马完成了数据的整理工作。轻松而又高效，比传统的数据更加直观形象，例如

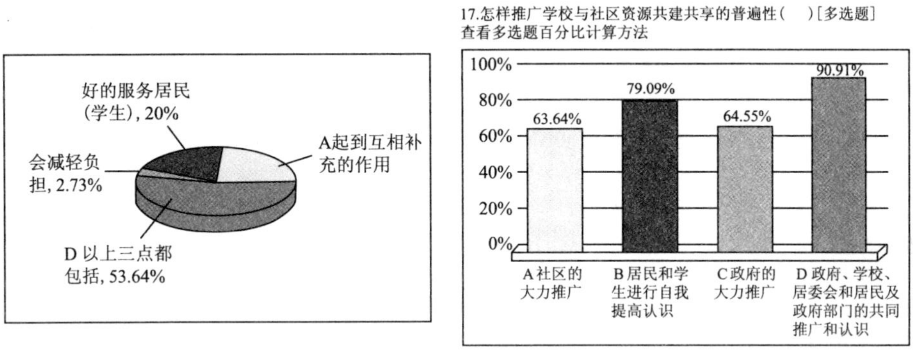

图 5－2

这样的效果让孩子们非常兴奋，数据的整合简单又清晰，因而为下一步寻求对策找到了实践的方向。

如果没有调查问卷的综合实践肯定是不完美的，如果就是为了调查问卷而让学生废寝忘食也是不人性的。所谓只有调查才会有发言权，只有深入了解学生的所思所想才会更有针对性，调查如何才能做到科学完整而又有时效性和直观性？如果有了技术的帮忙，显然如虎添翼。

尽管这次调查遇到了波折，但是任何事物只有在困难中才会去寻求策略，寻求聪明的办法，反观这次波折，收获还不小：

（1）需要更加精细的去了解学生学习的进展状态。

作为教师，我们需要设置学生的最近发展区，让学生能品尝成功的喜悦，但是把烦琐的工作全部扔给孩子，他们自然也有苦衷。如何关注学生的学习包括活动的进展，我们教师需要放手，但是不可以放弃对学生的关注，试想，如果学生非常乖巧地完成了数据统计整理工作，一定程度上会提高孩子处理信息的能力，但是对今后的工作乃至生活，这个技能是简单的低效的，对学生今后的发展是微

乎其微。所以当学生面对枯燥乏味的事物性内容，我们需要介入孩子们世界，倾听他们的感受，适时地去帮助他们。

（2）需要更加直观的去展示学生的起始状态。

按照调查问卷的本意就是能采访学生已有的认知状态，需要显性地了解学生、直观地显示学生的已有水平。按照惯例，如果分发纸质的表格，然后进行收集和统计，一定是会有结果产生，但是这个结果是一串含有内容的数字，但是作为读者，会很抽象去感知与理解，不形象，不具体，如果能用数据产生的图形来表示，直观简洁，引起读者的强烈关注。

（3）需要更加快捷的去处理学生调查的数据结果。

作为教师可以改进工作流程，3 个班级的问卷出来后可以分小组去整合信息，但是有多项选择题，有在线简答题，难以全部清晰一一呈现，关键是有了数据星的在线调查，可以让学生推送给亲朋好友或者是群里面的小学同学一并完成，增加数据采集的广度，增强数据的可信度。整合好的信息完成后可以让学生更加快捷地去处理并找到所要进展的起点。

3. 在线学习和问答——线上隐身人的快乐

随着微视频和在线网站的兴起，Moodle 在线教学平台应运而生，Moodle 平台依据社会建构主义的教学思想，即教育者（老师）和学习者（学生）都是平等的主体，在教学活动中，他们相互协作，并根据自己已有的经验共同建构知识。(姚倩　Moodle 在线教学平台的研究与应用［J］2010（06））传统的教育，多人集中上课，由教师按一个适中的进度集中讲授，迫使学生放弃个性，学生只能按教师的进度被动的学习，结果是将学生培养成“千人一面”。更谈不上知识的获取能力和自我更新能力。这是传统教育的最大弊病，也是众多教育家致力研究解决的问题，但始终未能从根本上解决这一问题。计算机技术和网络技术的发展，为彻底解决这一问题提供了技术平台，使任何人能够在任何时间、任何地点从任何章节开始学习任何课程，学生能够真正按照自己的情况安排学习，学习自

己真正需要的知识，真正实现个性化学习。（聂济敏　网络学习共同的建构策略［J］2011（05））

传统学习往往围绕着教师、课堂、书本进行，教师与学生进行面对面交流，学习囿于固定的教室、固定的教学内容、固定的教学速度、固定的评价标准。网络改变了这种习惯已久的学习方式和教育方式，学习在本质上成为一种选择过程。

在网络学习中，学生可根据自己的特点和意愿，采用适合自己的学习方法，主动选择学习内容、学习时间、学习地点，自我控制学习进度。“虚拟图书馆和实验室”“虚拟教学”、“虚拟辅导”……通过这些虚拟，一方面可给学生带来身临其境的感觉，使学生的多种感官被充分调动起来、参与到对学习对象的感知、理解与记忆当中去：另一方面可弥补传统课堂教学刺激单一化、平面化的缺陷，满足不同类型学生的学习需求。学生还可以通过数字化网络访问和使用更多的信息，在世界的任何地点获得在线教学帮助，获得同伴对自己学习情况的反馈信息。网络学习的这种学习资源的丰富性、学习方式的个性化、学习时空的非局限性，大大增加了个体学习的自由度和效率。

（宗胜旺　基于网络的混合式教学设计与应用研究［D］2010（06））

相应地，“为需要而学习”的观念在个体学习中得以确立。

案例：我是自由的鱼儿

小舟是一名网虫，网名是一条自由的鱼儿，在网络的世界中畅游，看她写的一段文章：

网络学习给我提供了一种轻松自由的学习环境、学习方式和学习平台，可以利用时间和空间的优势，自我决定学习时间和地点，可以让我们静下心来认真思考，仔细品味。关键是在网络里面的课程和内容使用时很灵活，不会的时候反复听，会的内容跳过去，在网上不用担心有人说你笨，不懂的时候可以请教老师，甚至我还有一次让老师给我提一个英文名呢——给老师添麻烦了，求名，谢谢喔！01.28

发表于：2013－1－28　下午7：59

老师好，我叫孟拓。女生。中文名字很男生，但本人很女人。温柔，独立，积极，有信仰。热爱生活，热爱小动物。喜欢跳舞，钢琴，擅长游泳。长相和声音貌似属于甜美一点的。（没见过世面的丫头，自认为的）想取一个听起来有点气质的，甜美的名字。辛苦老师了！您多费心！非常很万分感激!!!

版块主题
背单词的方法 1 2 3 4 5 6.. 128
take off是什么意思？
初中英语学习方法（优秀初中生谈学习经验）
初中英语复习——词组归纳 1 2 3 4 5 6.. 42
英语讲究方法 高效背诵 1 2 3
Keep in dry and cool places.什么意思？
适合八年级学生的一道情景对话题
在线学习形容词比较级用法 flash视频讲解 1 2 3 4 5

老师回应：Bonnie 邦妮，拉丁甜美、漂亮、优雅而善良的人

谢谢！我很喜欢。祝新春吉祥，假期愉快。

我因此喜爱上了这个英语学习网站，正好弥补我这一门薄弱学科，在这个板块上，什么样的稀奇古怪的问题都可以提出来，如果我有不明白的也可以去“探望”。有一次我把英语作文贴上去，让老师帮助我批改下，她不认识我，我不担心会挨批，真的得到了辅导，让我受益匪浅，通过网络学习，启发了我的思维，增强了学习的自信，知识得到了充实和提高，深深地体会到了学习的快乐、知识的力量。

会说话的数据——小数据 细分析

小许是我们学校善于发现问题，并积极尝试去解决问题，经常有自己的创意的年轻人，这次就分享他在教育和教学中的两个分析，这些都是用 EXCEL 的图形工具来完成的，非常便捷和清晰。

下图是八年级某班一次物理期末测试得分率图，横坐标是试题号，纵坐标为得分率。

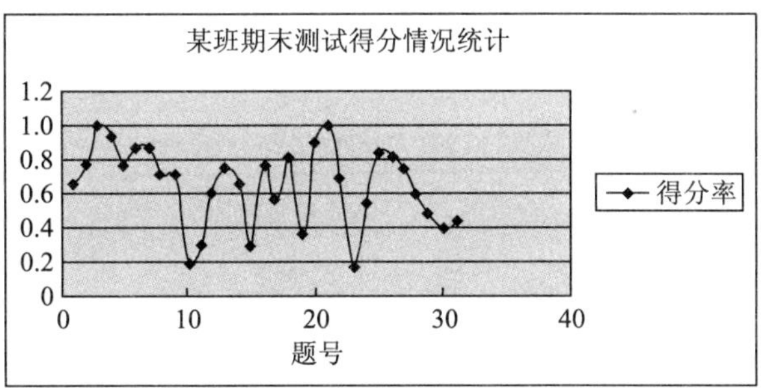

图 5－3

由图发现：10、11、15、23 为四低分点，现以 15 题为例来分析。本试题具体为：把一个质量为 40g，体积为 $60cm^3$ 的物块轻轻放入盛满水的烧杯中，当物块静止时，下列说法正确的是（　　）

A. 溢出水的质量为 40g，水对杯底的压强变大

B. 溢出水的质量为 40g，水对杯底的压强不变

C. 溢出水的质量为60g，水对杯底的压强变大

D. 溢出水的质量为60g，水对杯底的压强不变

本题考查的是浮力压强知识，应该说，本题是学生在掌握概念后，对学生能力点的一个考查。见下面的详细分析。

表5－1

该题知识点	课标要求	细化目标
1. 浮力 2. 液体压强的影响因素	1. 会判断浮沉 2. 灵活运用阿基米德原理 3. 根据浮沉状态计算其他物理量 4. 理解并运用压强的影响因素判断压强变化情况	1. 养成主动判断浮沉的解题习惯 2. 阿基米德原理 $F_{浮}=G_{排液}$，$F_{浮}=m_{排}g$ 3. 漂浮条件：$F_{浮}=G=mg$ 4. 液体压强只受液体深度、密度的影响

下面是学生错误的样本及分析。

表5－2

错误样例及原因分析
选A，受物块影响，忘记判断压强类型，从而没有利用液体压强的影响因素去解决
选D，没有主动判断“静止时”的浮沉状态，误把 $V_{物}$ 当 $V_{排}$，代入 $m_{排}=\rho_{液}V_{排}$ 计算

仔细分析了原因后，小许便对教学采取了初步干预：第一，教学中加强对浮力知识的梳理，特别是方法指导。第二，帮助学生养成一定的解题习惯，例如，拿到一道浮力题，首先是要找到反应状态的关键词，如果题中未提及，会主动判断。第三，在教学中关注学生的高层次思维，精选练习指导学法，培养学生写出分析过程的习惯。同时，在教导处策划下，备课组老师选派三位老师进行《浮力复习》同题异构，组内进行课例研究。

每次测试之后，小许都会重点关注年级里成绩波动大的学生，必要的时候会实行全体老师之间的会诊。图5－3是小曼同学的学习情况图，读图发现：小曼同学在第五次测试中出现了明显的退步。班主任和任课老师，大家坐在了一起。

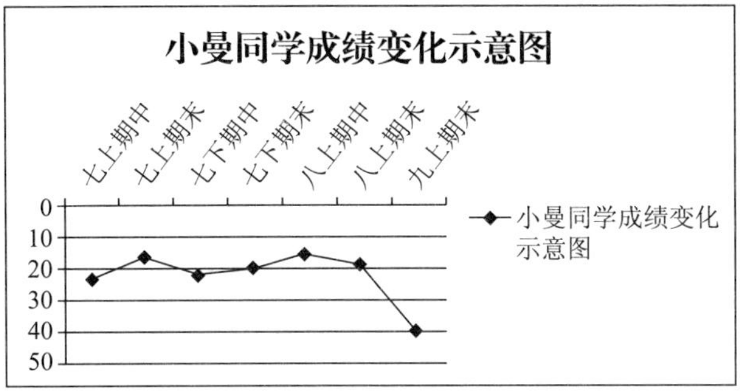

图5-3 小曼同学成绩变化示意图

小曼是一名内向的女生，非常乖巧，也是一名物理课代表，这么大的成绩波动背后的原因是什么？年级组的相关老师在一起进行了会诊，并由班主任与其家长联系。原来事情是这样的，请看小曼自己写的一段材料：

去年暑假期间，由于父母之间有矛盾，家庭气氛紧张，我内心感到非常的痛苦，觉得这样的日子过的没有意义。思想也不能集中到学习上了，想着找一份工作来做，就可以离父母远一点，再也看不到他们天天吵架。

快开学了，可我始终没能找到工作，因为年龄的问题，没有单位要我，没有办法，我又回到学校，但此时的我，已经不在是先前那个青春活力的我了，整个人都非常消沉，无心学习。

我的变化没有能逃过许老师的眼睛，他看出了我颓废的精神状态。一天，许老师在教室对我说："周小曼，你过来一下，老师找你有点事情"。当时，我的内心忐忑不安，许老师把我叫到了办公室，让我坐了下来。我担心的暴风骤雨式的批评没有出现，许老师和蔼地问我"你怎么了？是不是家里发生了什么？老师近来发现你不怎么对劲，走路无精打采的，头发也不夹起来，都把眼睛给遮住啦。老师记得的物理课代表可是一个很阳光的女孩子呢，从来都不会让老师担心的呀……"

我一直保持沉默，没有说话。在老师的一再追问下，我终于鼓足勇气说出了我的想法：我不想上学了！

许老师一脸惊诧，脸都绿了。在许老师亲切的询问下，我把整件事情的来龙去脉都说了。许老师听得很认真，他安慰我说："父母也有他们的难处，你应该多站在他们的角度去考虑问题，为他们想想，他们拼命工作为了谁呢？据我了解，他们吵架的原因是因为家庭经济状况不好，又没有文化和技术，每天辛苦也赚不到什么钱，心里充满愁苦哇，心里不顺就会吵起来了。你难道将来也要过他们那样的生活吗？"许老师说到这里，我心头一酸，哭了。我内心顿时觉得很愧疚。许老师看见我流泪，关切地说："你流泪说明你知道错了，但这还不够，你应该把精力放在学习上，要相信知识可以提升能力，而能力是能改变你的命运的。

那天，许老师放下了手里重要的工作，耐心的开导我，让我明白了很多的道理，心中的疙瘩解开了，我的心好轻松啊。

作为一线教师，我们每一天在忙乎与学生打交道，我们肯定非常关住学生的学习结果，上面两则案例就是用最普通的工具去观察、测量和调控教师的教和学生的学，关注到学生的过程，现在我们更加注重探究分数背后的东西，使之作为下一步改进教学的重要依据，用以诊断学生的学习方向，对学生进行针对性的教学。通过对学生学业水平的观测来迅速走进学生，适时地去帮助学生，用小数据来为我们的教育教学服务。

2. 会说话的数据——大数据善分析

如果说前一节是讲传统的统计结果型的数据的话，那么大数据是指无法在一定时间内用传统数据库软件工具对其内容进行抓取、管理和处理的数据集合。大数据会给我们的生活带来什么？请看一条新闻：

据经济观察报祝梦晴报道，2013 年 7 月的一个周末，华东师范大学的一女生收到了这条来自学校勤助中心的短信："同学你好，发现你上个月餐饮消费较少。不知是否有经济困难？如有困难，可电话、短信或邮件我。如无困难，也请回复一下，以便下月不再重复问询。"

没想到该女孩因为减肥减少了饭卡的支出，却触动了学校的预警系统。该系统通过饭卡餐饮消费数据了解同学们的经济状况，如果花销比正常情况明显少，校方就会通过短信联系学生本人。随后，该短信被截图发上微博，并写道“华师大少女减肥减出人文关怀!”“央视新闻”官方微博称：“负责的学校，让冰冷的数据有了人性之美。”“财经网”官方微博指出：“华师大的数据挖掘很到位。”

长期以来，困扰企业最大的难题就是“如何更加了解他的客户”。索尼公司的出井伸之解释索尼衰落的根本原因时，说了一段发人深省的话：“新一代基于互联网 DNA 企业的核心能力在于利用新模式和新技术更加贴近消费者、深刻理解需求、高效分析信息并做出预判，所有传统的产品公司都只能沦为这种新型用户平台级公司的附庸，其衰落不是管理能扭转的。互联网的魅力就是‘the power of low end’”。这句话有两层含义。第一，传统企业衰落的根本原因在于难以贴近消费者，难以了解消费者的真正的需求。第二，互联网公司强项恰恰是天然的贴近消费者，了解消费者。传统企业必然嫁接互联网企业的 DNA，否则必将沦为互联网企业的附庸。这一段话也给我们教育工作者莫大启发，如何利用大数据来了解我们的学生对我们的教学来说会是多么重要！教育领域《2013NMC 地平线报告（高教版)》（预览版）非常有预见性的认为“大数据和学习分析”将在未来 2 ~ 3 年成为主流技术。

数据一直都不是什么新鲜的东西，但是当海量的数据积累所造就的“大数据”时代到来，对于任何企业来说，数据都是其商业皇冠上最为耀眼夺目的那颗宝石。伴随着传统的商业智能系统向纵深应用的拓展，商业决策已经越来越依赖于数据。我们的教育表面上不如商业竞争来得直观，但是一个不会了解学生的老师会受学生欢迎吗？那教学效果也一定是低下甚至是无效的。

大数据时代来临实质上是以数据挖掘和信息分析提升价值的时代来临。在教育领域，当大数据和云计算、智慧平台等通过形成规范数据中心和数据深层次挖掘，就能实现对教学、实训、课程、习题、师资等智能化统计和分析，并提出解决方案、提供决策依据和预测。在微观方面，我们的老师就会更加适切地诊断学生的需求，从何使教学更具有针对性。

案例一　如何更加合理地让学生完成作业、检测作业

在每一天教学任务完成以后，我们布置作业的方法通常是“所有人完成第一题到第五题”，然后我们再给学生批改、纠错或点评，这里面有很多是无效和低级的劳动，有的时候无法给学生足够的刺激或者营养，因为你不知道你的学生需要什么，缺少什么，大家全吃等量食品必然导致有的人吃不饱，有的人吃太饱。

当技术浪潮席卷而来，如果能介入学生的每一项作业评估中，帮助我们及时有效了解每个学生的需求，那么绵延了两千多年的“因材施教”的理想一定会离我们更近。

我们现在上网的时候，经常发现有些网站正在变得越来越人性和了解我们，例如淘宝网，它会给你寄出你的消费数据分析，购买力等信息，也会根据你买过和浏览的商品来推送可能喜欢的。上QQ，有可能认识的人，这一位可能认识的人和你有几个共同的好友都呈现得清清楚楚，这种技术实质上是通过数据的归类与分析，来预测“出现某种行为的人还很有可能出现另种行为”。

如果智能化的技术能够应用教师布置的作业上，一定会耳目一新，大大激发学生的求知欲，也满足不同学生的需求。比如甲同学做对了第1题，系统马上可以告诉他，他可以跳过第2题到第5题，这是因为，1～5题全部是同一类型和同一难度，做这些题目是简单重复浪费时间。如果乙同学做错了第6题，那么系统也会提示他继续练习第6～10题，这是因为数据显示，做错第6题的人很可能后面几道题目也会出现差错，这个知识点是该学生需要反复进行操练与强化的。

我们的作业检测往往反馈给教师的仅仅是诸如“学生完成10道题，错了3道”这样的信息，究竟是学生花了多长时间完成，是独立完成的还是求助完成的，是粗心造成的，还是因为其知识掌握不够牢固，教师很难做出判断。解决这一问题就需要数据挖掘技术，通过对学生大量反馈信息的提取建立学生模型，进行分析判断。

案例二 孝敬父母

我校宋老师开设了一堂思品公开课，主题是《孝敬父母长辈》，课堂大概情节是这样的：1. 呈现情境—视频感动中国《陈斌强："绑着"母亲上班的孝子》。2. 分析孝敬父母的理由。3. 名人孝敬长辈的故事。4. 当被父母责骂以后还会孝敬父母吗？进行现场投票。5. 写出孝敬父母的十大常用语言。6 设计一个祝贺长辈的生日方案。

在这一节课上究竟会产生多少数据？

数据一：举手发言的同学和频率？

数据二：每一板块完成的时间？有多少是教师活动，有多少是学生参与的活动？

数据三：学生参与活动的态度是（A）认真参与；（B）分心旁观；（C）吵闹捣乱；（D）其他（请说明）？

数据四：学生看名人孝敬长辈的故事的停留时间和阅读顺序？

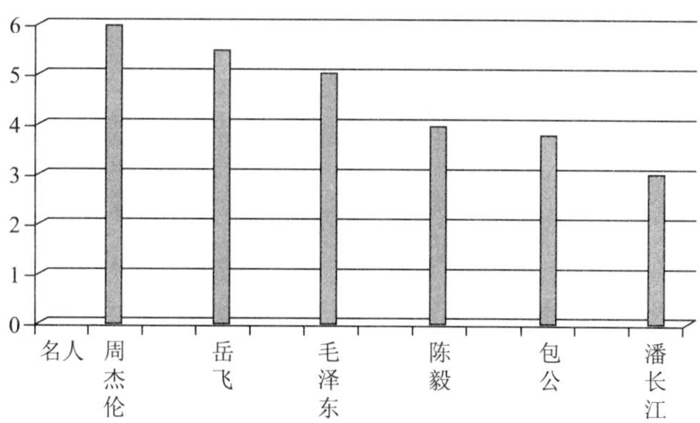

图 5－4 名人孝敬长辈的故事的停留时间和阅读顺序

数据五：现场投票的结果，有没有特别要关注的学生？

数据六：排名最靠前的用的语言？

数据七：学生设计方案的时间等。

如果这些生动的数据鲜活地摆在了我们面前，那么我们就一起用数据去发现真正的学生。

发现一：有需要特别关注的学生，当被父母责骂以后还会孝敬父母吗这一环节有一位同学投了反对后来改成赞成后又犹豫了好长时间最后弃权，为何如此犹豫？还有6位同学迅速填写了反对票，究竟是什么原因让他们如此投票？

发现二：学生阅读名人故事是有偏好的，阅读顺序是从左往右，那么就可以把排名靠前的名人放在最左边，同时把排名在最后两名的故事删减掉。

发现三：假设在一节拥有六个环节的课堂上，大部分时间内学生的节奏都是紧密跟随教师的。但是在第三环节中，大多数学生停留的时间远远超过了教师。这就提醒我们，这个环节需要着重教研，需要调整，也许这个部分的内容非常吸引学生，也有可能这部分内容难度较高，他们需要更多的时间来阅读与消化。

在大数据时代，我们应该有实力去关注每一个个体学生的微观行为和表情——他在什么时候翻开书，在听到什么话的时候微笑点头，在一道题上逗留了多久，在不同学科课堂上开小差的次数分别为多少，会向多少同班同学发起主动交流，这些数据对其他个体都没有意义，是高度个性化表现特征的体现。同时，这些数据的产生完全是过程性的：课堂的过程，作业的过程，师生或生生的互动过程之中……在每时每刻发生的动作与现象中产生。这些数据的整合能够诠释教育微观改革中自变量的水平：课堂应该如何变革才符合学生心理特点？课程是否吸引学生？怎样的师生互动方式受到欢迎？……而最最有价值的是，这些数据完全是在学生不自知的情况下被观察、收集的，只需要一定的观测技术与设备的辅助，而不影响学生任何的日常学习与生活，因此它的采集也非常的自然、真实。（作者张韫《上海教育》2013年4A）在大数据来临的今天，不是通过教师的感性观察和经验，而是直接应用信息化的课程载体对学生的行为进行记录，通过对学生在课堂中点滴微观行为的捕捉，帮助我们了解学生对知识的掌握程度以及感兴趣程度，进而反思我们的教学是否满足了学生的需求。

在超媒体时代，教育的形式正在发生相应的改变，我们需要精确地将数据与日常教学相联系。是在什么环节、什么时候，这个学生遭遇什么问题或者做出什么样的选择，筛选、组织、关联、分析，精细化管理和挖掘数据，探索规律性的东西，指导教育教学活动从而使教学更加具有针对性，“教学不是开始于教，结束于测量学生的进步，而是开始于测量学生知道什么和能够做什么，教学是在这些信息的基础上设计和进行的。”这对于教师而言是一次转型。只有有了精准的测量和观察才有可能进行改进，实施教育的“变革”，才能做到因材施教。

教师拥有一个课堂观察的终端，可以随手记录学生的发言质量，作业完成情况，课堂纪律等。那么教师不再基于自己的教学经验来分析学生在学习中偏好、难点以及共同点等，只要通过分析整合学习的行为记录轻而易举就能得到学习过程中的秩序和规律，然后有的放矢，对不同的学习者提供有针对性的帮助和辅导。教师在期末时将这些数据汇总起来，就使得撰写评语时不用绞尽脑汁，而有了更加丰富的素材与数据依据，能对学生的发展提出建议。

尽管我们的教育和其他商业化的互联网企业轰轰烈烈开展数据研究还有很大距离，但是相信有一天教育的大数据时代终究会来临，有人曾经预言，大数据是教育未来的根基。

第六章

心育德育相融，探究行为倾向

仅凭你的教师身份，学生就能好好地听你的课，按你要求的做，尊重你，这样的时代已经过去了。我们教师的工作是教书育人，但不能仅停留在传道、授业、解惑上，因为这已远远不能满足如今学生心理和情感的需求，那些陈旧的说教甚至可能会造成学生的反感和对立。尤其是面对青春期的孩子，如果不了解他们的身心特点，不能读懂他们言行背后的内心，那么，我们在工作中不但可能挫伤孩子们的学习、生活的积极性，同时也会给自己带来无数的烦恼。因此，教师应把心理教育作为自身必修的基本功来操练，自觉把心理学真正融入到教育工作中，有能力对一些学生的“反常行为”做科学的心理分析，并由此有的放矢地开展教育工作，才能收到事半功倍的教育效果。好的教师首先应是一名优秀的心理教师。每一名教师都应成为学生的心理按摩师。本章选取几个笔者处理的案例，有分析有方法，展示如何通过学生言行解读他的心理暗语，如何帮助学生在面对和处理问题的过程中发现自己的力量，学会自己成长，使问题解决与自我成长同行。

我在忍受着痛苦

漂亮女生小蓝，文静、性格温和，与同学相处融洽，在女生中有很好的人缘，学习认真，成绩良好。她还热心班级工作，负责班级黑板报，工作尽心尽责，在出板报的过程中显示出较强的协调组织能力、绘画水平、文字编辑能力，板报的内容能紧扣学习生活，具有较高的质量，是个老师和同学都很喜欢的学生。印象中小蓝是个爱笑的人，日子似乎过得无忧无虑。一天放学后，她突然交给我一封信，一脸庄重地说："李老师，请您帮帮我。"然后就忙忙地边跑边说："李老师明天见。"看来她是希望给我足够的时间认真考虑她的问题，给她需要的帮助。晚上，忙完一切，坐在灯下展开小蓝的来信：

近一个月来，我一直忍受着痛苦。对于一个平日爱和妈妈撒娇，离不开她的呵护的人来说，一下子到了一个一切要自立的生活中，这并不是说我没有自立自强，而是转变太大了。要知道外婆和舅舅都有封建思想，我的每个行为他们都总要说几句，我忍不住气，总会和他们斗几句。如果要说一天中的快乐，那就是在学校了，与同学们在一起最起码还有温暖，在学校总觉得时间过得太快，如果学校有住宿就好了。我感觉我身边最亲的人不是我家人，而是同学中的朋友。我每过几天就会和妈妈通电话，总会想到妈妈，看着别人幸福的一家，总是在电话里哭着和妈妈讲话。有时想想，自己所受的苦比同龄的大部分人要多，认为老天对我不公平，眼泪就不自觉地留下来。每天我都忍着痛苦过日子，学习成绩也直线下降，进入初中的第一次月考成绩很糟糕。我把成绩告诉妈妈，她没有怪我，可我的心总不好受。在小学时我一直是班干部，成绩也名列前茅，现在这种状况，我不知道应该怎么办是好，希望您能给我点意见和帮助。

这真是让我感到意外，小蓝将自己掩饰的这样好，她心里如此痛苦外人都看不出来，这是一个自控力不错，好强，心理上比同龄人成熟的女孩。要帮助小蓝，了解她目前家庭的状况是前提。第二天放学后，小蓝主动留下来，很期待和我的谈话。来到安静的办公室，我和蔼地问她："你愿意和我谈谈你家里现在的情况吗?"小蓝一下子打开了话匣：我有幸福快乐的童年，我家是公寓房，面积不大，离外公、外婆住的地方就500米左右，他们住的是私房，面积很大的。所以一日三餐我们都是在外公、外婆家吃的。外公有些胖的，很和蔼慈祥，很开朗很幽默，外公特别疼爱我，由于我家住房紧张，小时候我一直是和外公睡一张床，我和外公的感情非常好。外婆是没有工作的家庭妇女，人有些唠叨，但我们一家五口和睦相处，生活其乐融融，我感觉很快乐。爸爸是外地人，但是在常州工作，妈妈没有稳定的工作，主要是帮人家看看店。爸爸、妈妈都很爱我，虽然他们的收入不高，但在我上幼儿园中班时就让我参加了舞蹈、画画和扬琴兴趣班，为我花了很多钱。老师说我在画画和扬琴方面蛮有天赋的，我参加市级比赛还得过不少奖状呢。上小学后，我的成绩优秀，很开朗和自信，所以老师很喜欢我，我是老师班级管理的得力助手，还经常得三好学生，我也是爸爸妈妈的骄傲和宝贝。

这样的生活持续到我读小学四年级，爸爸不知怎么开始爱喝酒、打牌，对家里也不负责任，爸爸妈妈经常吵架，还打架。在我小学五年级的时候他们离婚了，法院把我判给妈妈。从此我的生活发生彻底的改变：离婚没多久，爸爸就离开常州调回老家去工作了。法院判爸爸应给我的抚养费常常没有，我想爸爸的工作肯定也不好，所以没钱。但是妈妈的工作不稳定而且收入很低，妈妈好强，又不肯接受外公、外婆的帮助，我们的家庭经济就非常拮据了，我所有兴趣班都忍痛停上了。让我难过的事还有，去年年底最疼爱我的外公突然去世了。我觉得这对我是一个沉重的打击。第二年，在生活的压力下，妈妈考虑再三决定再婚，她让我小学班主任劝我，我知道妈妈不容易，就勉强同意妈妈再结婚。继父也是离过婚的，他有一个比我大两岁的儿子，判给了他妈妈。妈妈结婚后，继父住进了我家，继父对我也不错，后来不久，也就是我今年开学初，继父辞去原来的工作和妈妈去了广州开了一家服装店，妈妈说要赚点钱给我以后读书用，让我能继续学我喜欢的画画和扬琴。他们将我留在本地读书，让我和外婆一起住，还有舅舅。舅舅大学毕业回到常州已经好几年了，一直没找到好的工作，三十多岁也还没结婚，所以就和外婆住在一起。舅舅现在在某大学旁开了一家网吧，这就是他的工作。我和外婆、舅舅的感情一般，总是合不来。经历这一系列的事情后，我变得沉默了，常常沉浸在回忆过去中，想控制都控制不住，我的学习成绩也大幅下降了。

听了小蓝的讲述，我感叹这孩子真不容易呀。近三年来小蓝的生活处于较大变化和动荡之中，好在一直有妈妈相依靠。但进入身心剧变的青春期；进入在学习内容、方式、环境等方面与小学有很大差别的初中；离开一直依赖的妈妈，与外婆、舅舅相处不融洽等种种变故一起来考验小蓝。单说升入初中，这对许多学生来说就是一次严峻的考验和挑战。他们必须在短时间内适应一系列新的要求，学业、常规、师生关系、同伴关系、自我接纳等。相当多的学生依然按原来的习惯去应对，便会感觉不适应，甚至不知所措，导致学业跟不上、人际关系紧张、环境适应不良等一系列连锁反应。年仅 14 岁的小蓝要应对好这些问题仅靠自己真的很难解决。目前小蓝主要的问题是与外婆、舅舅关系紧张和对初中学习适应不良，并认为只要妈妈回来了一切都会变好的。与小蓝的交谈中发现问题的关键是小蓝对现实的认知有偏差，如她一直抱怨说：①我舅舅和外婆就是封建思想，总是和我过不去。我做什么事情他们都要批评我，管着我。不让我和同学打电话，不让我和同学出去玩。如果回到妈妈的身边一切就会变好的，妈妈一定会答应我的要求的。

②我们的英语老师很烦，总是针对我，对我的要求和对其他同学的要求不一

样，影响我的心情，害得我其他课程也学不好。所以我的成绩越来越差。

③这世界是不公平的，为什么别人都可以得到他们想要的，而我却得不到我想要的关爱和尊重呢？

针对小蓝的情况在接下去的两个月中我和她一起经历了以下过程：

1. 让小蓝记录一星期中学习、生活中的不愉快事件，着重表达“当时怎么想，想怎么做，感觉如何”。

2. 一星期后我看了小蓝的记录，里面充满了对妈妈回来的渴望，她认为只要妈妈回到她身边一切都会变好。于是我采用角色扮演的方法，我扮演小蓝，让小蓝扮演妈妈。我们一起将小蓝记录的内容表演一遍，看看如果妈妈回来后，一切会有怎样的变化？在此过程中我没有给她任何评价和解释，但在这种角色扮演中，小蓝似乎悟到了什么。

3. 我让小蓝继续记录一星期中的生活、学习中不愉快事件，并进行如下思考：①我的想法是来自于事实还是我的推断？有什么证据可证明我的想法是真实的？②这些事情真的那么让人烦恼？我真的不能忍受它吗？③为什么事情必须如此呢？有更积极的方法处理遇到的问题吗？消极对待有好处吗？这样能否有利于保持良好的人际关系，防止和他人发生很大的冲突，有利于防止情绪困扰的产生吗？

4. 一星期后与小蓝讨论她的记录，在这些记录中可以发现小蓝的认知中的核心想法是：我是个失败者，我没有能力处理好自己遇到的问题，我只会给妈妈增加麻烦。遇到事情时总是抱有消极悲观的想法。改变小蓝的想法是激起她积极应对问题的关键。于是我给小蓝示范一些形成“新想法”的重要句型，并让小蓝复诵。如：“虽然我不喜欢……但是我仍然……”“虽然到目前为止……但是我仍然……”“即使我表现不好……但还不至于……”

5. 鼓励小蓝运用“新想法”处理学习和生活中的事情，并常常给予关注和肯定。想法的改变让小蓝的脸上有了更多发自内心的笑容，人也活泼起来。

小蓝的问题决不是一两次的谈话就能解决的，而且让她能依靠自己的力量解决问题才是根本。每次与小蓝交谈都是在只有我们俩人的情况下，这让小蓝感到很安全和被尊重，而且我的语气和表情显得很真诚，所以整个过程小蓝都主动配合并认真实践我的建议。小蓝逐渐能够面对现实，在无法改变现实环境的情况下，学会正确的认知方式，与舅舅、外婆的关系有很大改善、学习成绩也稳中有升，后来她也顺利考上高中，考上大学。

天下最无理的怨恨

晚上12点半，睡梦中听到手机响了。按下接听键，听到小鹏妈妈疲惫的声音："李老师，对不起，这么晚打扰您了，我实在是没办法了。"我安慰道："不要紧，我知道不到迫不得已你不会这么晚给我打电话的。发生什么事情了？""谢谢你的理解，现在我和小鹏在外面马路上，他不肯和我回家。他的理由是我看了他书包里的家校联系本。他说我不可以看他的家校联系本，我告诉他李老师上次家长会说过家长可以看家校联系本的，他不相信，非要我赔礼道歉并保证以后都不可以翻他的书包。"我追问道："你今天为什么要看他的家校联系本呢？""他今天又出去打球，到晚上10点多还没回家，我想知道他到底到哪里去了，就翻他的书包，看到家校联系本我就看了看。其实我知道他是找借口，因为他想今天晚上住在小图家。这马上都要期末考试了，他还是不学习，一天到晚就知道玩。我今天是不会答应他住在外面的。他现在的理由就是说我不可以看他的家校联系本。""哦，是这样呀，你让小鹏接电话吧。"手机里传来小鹏气愤的声音："她已经是第三次这样看我的家校联系本了，她没有权利这样做。"我能想象出母子两人此时此刻的情况，疲惫又无奈的妈妈，倔强又自认为理直气壮的儿子，两人互不相让地僵持着。因为父母的离异，小鹏产生要报复父母的心理，加上他父亲黑白颠倒地对他们之间事情的歪曲，不断挑拨小鹏母子之间的关系，使得母亲对小鹏的教育困难重重，小鹏曾告诉我说："我每天放学前就想着回去怎样对付妈妈。”他基本上是无心学习，怎样能让妈妈生气或难过他怎么做。妈妈希望他好好学习，在妈妈面前他就决不学习。妈妈希望他能像别的孩子一样晚上待在家里，他就总是偷溜出去，找一群人打篮球，不过10点不回家。无法出去，那就在电脑上打打游戏。他总是挑剔妈妈没有烧足够的荤菜，或烧的菜不好吃，吵着要钱到外面去吃。不好好吃饭，弄得自己瘦瘦的，看到妈妈心疼的眼光他却感到高兴。总之，他专注于找机会让妈妈生气。真的为这位妈妈的坚持和不易感动，为孩子的不懂事叹息。于是我明确地告诉小鹏：“首先，我是在家长会上说过家长要看看孩子的家校联系本，既了解孩子的情况，也可以通过家校联系本反映家长的建议或意见，这是家长的权利和义务。家长要看家校联系本学生应该主动给看。其次，如果说你妈妈有错的话，那可能就是没有征得你的同意，好像对你不尊重，但是你自己知道就算你妈妈让你把家校联系本给她看，你也是不会主动拿给她看的。再次，如果你做得恰当，不让别人担心，你妈妈是不会在你不在时看你的家校联系本的。今晚你妈妈看你的家校联系本的目的不是为了教训你，她是因为担心你，想了解情况。你想想看，是不是这么一回事。”电话里小鹏很长时间没有说话，我知道他在想我的话，而且不得不承认我说的在理，他无法反驳。于是我又说：“现在时间不早了，现在就和妈妈回家去，不要再折腾了。”手机里传来小鹏无奈的“哦”声。

其实，一直觉得小鹏对他妈妈的怨恨真有点没天理，为了他，这位母亲真的付出很多，为他做得够多了。她本可以过舒服的日子，现在的丈夫搞建筑赚了些钱，对她也很好，但因为儿子不接受现在丈夫，相信自己爸爸说的：继父和他妈妈俩人是相约抛弃各自家庭而结合（理由是他们俩人在20岁时就相识），因此对继父非常排斥，不肯跟妈妈到继父生活的城市居住，坚持要留在爸爸住的城市。虽然他知道爸爸又结婚了，而且在还没有离婚的时候就让后妻怀孕，现在又有了一个小男孩，这个后妈也不肯让小鹏和他们一起生活。好在继父对小鹏的理解和宽容，支持小鹏妈妈对儿子的一片苦心，同意俩人分居两地，耐心等小鹏理解和接受他。为照顾小鹏，她拖着满身的疾病（前夫家庭暴力所致）在居民区开一家小理发店为生。虽然对儿子尽心尽力，可儿子总是在故意找碴儿。她对儿子的爱与关怀有95%，可儿子只是想着5%让自己不满意的方面，让母子俩人都痛苦不堪。其实，这位母亲真的不曾亏欠过儿子什么，她的付出只有一个理由："儿子成人成才我才能舒心过自己的日子。"不求回报的关爱，孩子有什么资格去怨恨呢？许多孩子对父母的怨恨真的是天下最无理的。

如此叛逆，充满挑衅的小鹏真是令人担心，如果不改变现状，小鹏走上歪路的可能性很大。但我们可以发现，小鹏采取行为的前提是别人怎么做，怎么说，本质上他是一个防守者，是一个被动的进攻者，他在意的是与他相处的人的态度和行为。所以，与小鹏相处需要我们理念正确，技巧地对待。首先要有的理念是：小鹏的"问题"是属于他成长中的问题，是不可避免的，也是正常的。小鹏的表现虽然无理，令人生气，但对他而言却是很正常的反应。这个年龄的孩子思维常常是非此即彼式的，单向思维，易走极端，他们不能接受黑白之间还有深深浅浅的灰色的说法。站在小鹏的角度审视他的一言一行，才可能了解他的内心世界，才可能理解他的喜怒哀乐，也才可能心平气和地与小鹏相处。对小鹏来说了解和宽容比埋怨和体罚更有效，但这绝对考验家长的耐心和毅力，非常高兴的是小鹏的妈妈做得非常出色，对小鹏的无理和挑剔、还有挑衅都能做到耐心和坚持不放弃。我想这就是母爱的伟大，我因此也常常很真诚地给小鹏妈妈鼓励和支持，为她加油。其次要有的理念是：有效果比有道理更重要。我们成人与孩子交往过程中，常常打着"为你好"的旗号，大讲特讲一些道理。结果常常是孩子承认我们说得没错，可却没什么改变。我们的错误在于不明白人与人的沟通是情感交流过程，而非逻辑过程，道理不能支持效果。我们说得多"对"没有意义，甚至说什么都不重要，重要的是听者听到什么，收到你想表达的信息才是重要的。小鹏不是不懂道理，他也承认妈妈是为他好，如果妈妈不管他就没人会照顾他了，可他心里的那股怨气就是不能释怀。与小鹏的沟通，要注意说的内容，说的方法，还要讲究说的态度，说的氛围。小鹏在意的是感觉，他更多的是感情用事，感情上不接受，道理都明白。让他感受到真诚、理解和尊重等正向的情感才可能让他按道理行事。只有改变说的方法，才有机会改变听的效果。而且沟通成功的先决条件是营造和谐的谈话气氛，对小鹏出现抗拒的讯息要敏感，及时调整谈话作出改变等都是很重要的。还要有的理念是：每一个孩子都是向善的，他们每个行为的背后，都必定有正面的动机。在与小鹏的交谈中，我常常会追问：你为什么这么做，你为什么这么想？每一个人做任何事最终都是为了满足自己的一些深层需要。追问的结果常发现，小鹏任何一个问题背后都有不是错的动机，只是采取的行为是不适当甚至是错的，结果就常常事与愿违。我们要相信每一个人都是希望得到欣赏和认可的，了解和接受一个人的正面动机，才容易引导一个人改变他的行为。在此过程中，小鹏的内心需要有倾听者，有理解者，他的情绪平稳下来，这时再和他探讨如何做才能达到自己希望的结果小鹏就容易接受。在小鹏母子的问题中我担任好协调者、指导者的角色，与小鹏相处的这些理念，让我能从容应对他的一切问题，也让小鹏对我很信服，小鹏虽然还总有事情，但都是些小错误小问题，没有出现我们担心的情况，我也越来越多地听到小鹏的笑声。毕业后一次小鹏来看我，说起当年，他不好意思地说："当初也不知道怎么那么浑。好在有妈妈和您。老师您放心，我现在和妈妈相处得很好，妈妈虽然还是爱唠叨，但我一般都不回嘴的。"

这个父亲

学期的最后一天，到校拿成绩单的那天小剑没来，打他父亲的电话一直是无人接听。唉，这孩子又要过一个没有任何作业的假期了。我也真没办法联系得上他，因为他的住所总是不定的（无法通过家访取得联系），电话总是不通的，他父亲也从来不会主动打一个电话给我（无法通过电话取得联系）。我一直纳闷他的父亲有没有上过学，口口声声说希望孩子学习好，但连学生放假前要到学校来拿成绩单，拿假期作业（我已经和他强调过的呀）这种常识性的事情都不清楚？我也奇怪他不是还有一个上职校的女儿吗，难道女儿上学的经历他也一点也不清楚吗？他怎能对孩子不拿成绩单不拿假期作业如此没反应或者说纵容？回想这两年来小剑的变化，算是体验了“救者自救”的含义了。记得第一次见到这父子俩是在开学后第三天，小剑没有来上学，直到上午10点多钟，穿着破旧，满脸晒得黝黑，显得又老又小的父亲苦着脸带着显得老不情愿的儿子出现在我眼前，操着我很费力才勉强听懂的外地话对我解释和求助。原来小剑一直和母亲、姐姐生活在湖北老家，小剑没上学时，他父母就离婚了，离婚后，他父亲独自一人在常州生活。不说打工，是因为他父亲是个退伍军人，在部队时不知因为什么残疾了，因而被照顾安排到常州，并且分了一套两居室的住房。可实际上他父亲过的是打工的生活，因为没有文化没有技术一直以来以在建筑工地干力气活为生。今年小剑要上初中了，重男轻女的传统思想让他考虑起孩子的前途，认为常州肯定比湖北家乡的小乡村更有前途，所以将小剑的户口迁到常州，并接来读书。可是，上了两天课，小剑不愿意了，说是想妈妈，在这也不习惯，坚决要回妈妈身边去。任凭这个父亲如何说，小剑就只说一句话："我要回家。"看着抱着头蹲下来哭着的这个父亲，我和小剑进行了一番交谈。首先我对他表示抱歉，因为开学工作忙，班级同学多，没注意到他的不适应和困难，答应以后会多关心他，让他有什么困难只要觉得李老师能帮得上的主动告诉我，我一定会尽力而为；其次与他客观地分析和比较家乡的教育环境和这里的教育环境的优劣，体会爸爸对他的心意，鼓励他珍惜机会，接受挑战；最后告诉他，留下来是不容易的，老师希望他有克服困难的勇气和信心，也相信作为男子汉他能做好。这孩子答应留下来。

从此，小剑还真的对我很是信任和亲近，放学后常常磨蹭不走，故意到我身边和我说话，帮我做些力所能及的小事。由于两地教学的差距较大，小剑的学习基础很差，虽然我一直鼓励他，可学习上的一次次失败让小剑对学习越来越没有信心。在我面前他虽然总是很努力学习的样子，可他的成绩却逐渐到了惨不忍睹的境地，几门功课加到一起总分只有 100 分左右。我觉得这不正常，问题可能出在家里，于是请他父亲来学校。一见面，这位父亲就诉苦说："这孩子就是喜欢玩游戏，我也没办法。和他妈妈联系，想叫她劝劝孩子，可是她一听是我声音就挂断。"我问："什么时候玩游戏，到哪里玩游戏？""放下书包就去，到网吧里。""他怎么有钱去玩？""我每个月给他 400 元生活费。他说我烧的早饭和晚饭不好吃，那就让他到外面买着吃。可能是用这钱。""你劝他不要玩游戏他不听吗？""不听，而且我跟踪他总是被甩掉，实在不知道到哪里把他带回来。"这个父亲的如此糊涂和无能真让我无语。我给他提过一些建议，可他从没落实过。看来要指望这个父亲管好这孩子是不可能的了。到了后来，小剑发展到每天总是班级里最后一个到校，而且浑身一股怪味道，蓬头垢面衣服脏兮兮的，总是很疲惫一晚没睡觉的样子，每天上课就是睡觉。他开始自暴自弃了，从他的谈话中知道他已热衷于去认识常州周边各行各业的不同年龄人等，当然是什么样的人我也能想象得出。我只能告诫这个失控的孩子，你要对自己负责。虽然他对我保证：我不会学坏，不会去混黑社会，我有分寸，您放心。但我的心里真不是个滋味，我只能眼睁睁看着这个孩子一步步走歪，有心无力感让我很无奈。很多问题孩子都是问题家庭、问题家长造成的，外在的力量对它的改变真是太有限了。有些悲剧你只能看着它发生，只有当它成为悲剧时它才可能去改变。

小剑的遭遇有其偶然原因，但更多的是必然的结果。他父亲的一些错误做法对小剑的消极影响巨大，带给小剑种种的不适应，可又没有任何办法去帮助孩子应对不适应，还拒绝外界的支持和帮助。具体来讲，首先，小剑的父亲并没有做好如何教育孩子思想准备。他在孩子很小的时候就离开他们，在他们的成长过程中并没有多少参与，仅仅是过年见个面而已，对如何教育孩子，如何与孩子相处他并没有什么实际经验和体验。他的表现，使孩子和他陌生，前妻对他怨恨。仅凭着重男轻女的传统思想觉得应该参与儿子的教育，就很突然式地参与进来，凭借本能或自身家庭教育的经历就武断地将儿子的户口迁到身边，简单粗暴地夺过儿子的教育权。虽然他的理由是这里的教育环境比儿子现在的教育环境好得多，但这仅仅是他的主观认识而已，并不一定符合孩子的实际情况；其次，小剑的父亲没有做好如何认识孩子的准备。小剑对他的父亲是陌生的，小剑的父亲对小剑也是不了解的。小剑是一个有想法有自己的个性的活生生的人，可在他父亲的心目中小剑只是“儿子”这样一个称呼而已，可能等同于一样东西。因此，在给儿子迁户口这事上他没告诉他，让他到身边来上中学这事也没和孩子商量，孩子的学习状况怎样他没问，两地的教学有差距他也没想。孩子离开熟悉的环境，到一个完全陌生且他不习惯的环境中来，这将给孩子带来怎样的影响他没考虑。合适的才是最好的，小剑父亲这种一厢情愿式的做法，让小剑一开始就产生排斥心理，为今后小剑的教育埋下困难的伏笔。还有，小剑的父亲也没有做好孩子教育方法上的准备。小剑到了新环境后学习不适应，与妈妈分开不适应，吃饭不适应等，他采用逃避的方式来应对，闹着要回家，这实际上是向他父亲发出的求助信号的一种方式。可小剑父亲对此也没有办法，在向小剑的妈妈求助无果的情况下，也没有向外界的其他亲朋好友请教，在我主动给其帮助的情况下，仍固执地采用自己的方式处理，虽然没有效果，可还是坚持。因为改变总是伴随着痛苦，他的处理方法与孩子应对困难的方法是一样的，就是逃避和退让。在此过程中，聪明的小剑却找到了应对父亲的方法，就这样一步步地小剑失控了。小剑常让我想起鲁迅的一句话“可怜之人必有可恨之处。”他放弃学习是对自己的逃避；他上网吧打游戏是对现实的逃避；他热衷于认识各种成年人是对父亲的逃避。他与父亲一样，虽然知道我给的一些建议是对的，可没有决心和毅力去做好，所以他也选择逃避。青春期是危险期，我听说过一个比喻：青春期的孩子就如刚拿到驾照的人，上了一辆已发动而且无法停下来的车子，他没有选择只能跌跌撞撞往前开，发生危险的可能当然很高。换个角度来看，这辆车子如果是行驶在一望无际的大草原上，开车人还会有那么多危险吗？人们设置的街道、建筑、红绿灯、行人等才是危险的原因呀。小剑的遭遇不就如一个被迫开车进入繁华城市的新手吗？在与我相处的过程中，小剑似乎找到理解、尊重和妈妈的温暖，可我与他相处的时间毕竟有限，而且他毕竟只是一个未长大的孩子，让他始终做好，知道对自己负责是要求太高了。一个人不能改变另一个人，只能引导另一个人去学习。能改变自己的只能是自己，同样，能帮助小剑的也只能是小剑自己。让小剑拥有帮助自己的力量和能力是教育的最终目标。初三后我不当小剑的班主任了，开学没多久就听说小剑辍学了，后来一直没有他的消息，不知他现在怎样了。默默祝愿小剑不要成为悲剧。

这个短信让人心痛

教师节那天晚上收到一条短信："教师节快乐。您的学生小顺。"这让我非常意外。头脑中立刻浮现一个高高瘦瘦的白净孩子的形象。他看上去运动能力不错，问他体育还好吗，他点点头。于是我让他担任体育委员的职务，他没说什么答应了。第一次整理班级队伍的时候，我发现他喊口令的声音小而且不干脆，为了让大家站好队伍，他不得不在队伍中走动，去逐一提醒，好不容易才将队伍整理好。看来他没有当过体育委员，可他居然敢接受这个职务，这让我对他的勇气有些欣赏。于是对他加以指导，他很用心也很努力，很快在一次次进步中就能胜任体育委员工作了。他会主动帮助同学和老师做些力所能及的事，在周五的大扫除中总是抢着去拖地，这可是很多学生都嫌累的活。他劳动起来又快又好，一看就是在家经常做事的人。他很勤奋，因为学习基础不好，课堂上他总是很专注地听讲，下课除了上厕所就是坐在位置上学习，他还经常向同学请教问题。他很爱干净，他的抽屉也总是整理得整整齐齐，干干净净，衣服也穿得干干净净。他很快赢得老师和同学的喜爱。

记得开学一个月后，放学时间看到在整理书包的小顺，我随口问了一句："家住得远吗？这时候你爸爸妈妈下班回家了吗？"他顿了顿，然后平静地和我说起家里的情况。我这才知道他面临的情况：因为妈妈突患癌症，在常州治疗费用过高，家里经济承担不起，于是他爸爸考虑带着妈妈回家乡去治病，又考虑到这里的教育环境比老家好，也打算再回常州，所以决定让他和读小学三年级的弟弟先留下来。一个月来，他独自一人带着年幼的弟弟在出租屋中生活，照顾好弟弟，安排好自己的学习和生活，常常打电话关心妈妈的情况。我真的震撼这个孩子的懂事和能干，虽然他比班里的学生大 2 岁，但对于一个 16 岁的孩子而言，这样的境遇他能如此应对自如也是很不容易的。而且他并没有让大家知道他的困难，表现得很坚强，所以我知道他是要强和自尊的孩子，因此在以后的日子里，我对他不是同情和照顾，更多的是欣赏和鼓励。到一个学期要结束的时候，他来对我说："李老师，我下学期要转学了。妈妈看来是不行了，爸爸说不回常州了。"听了这话，我真难过得不知该如何安慰这个一直很珍惜上学机会的孩子。一晃两年过去了，也常常会在身边的一些学生身上看到他的影子，心里也对他有些牵挂，不知他现在情况如何。我忙回短信："谢谢！很高兴你还记得我。一切可好？愿你一切如意。"过了好一会，短信回复道："他们学习，怎么样。您近来可好。"我知道，他很艰难地问了自己最想问的事，他还牵挂着学校，想念着曾经的老师和同学。我很快回复道："还行。我有时会想到你。你还在上学吗？"我很小心地措辞，我知道这或许是一个让他心痛的话题。过了好久，他回短信："家里有事，没办法，不上了，现在是一名厨师，凉菜。学上不了了，现在就只想做好一名厨师，努力着，奋斗着，拼搏着，不管做什么只要用心去做，就不会后悔。社会太残酷了，你不努力，可就落后，学习也一样。他们现在可不知道社会的残酷，一切有父母在。走进社会一切靠自己。"我知道他很久才回短信的原因，这两年对他而言，经历太多，太不容易，所以他会有"社会太残酷"的字眼。这不是一个 18 岁孩子该有的体验，这样的年纪，听这语气像是三四十岁的人，他会小心地措辞，不像同龄的孩子那样肆无忌惮、神采飞扬地挥洒青春，享受青春的美好。我心里感觉难受，自己也不能给他什么实质的帮助，能给予他的只有语言上的安慰："是呀，不到身临其境是不能真正知道其中的艰辛。我相信你会成为一名好厨师的。你做人做事都是好样的。加油！"心中祝福在某个地方为生计而奋斗的他，希望那张稚气未脱的脸会有更多的笑容。愿好运与这个不幸的孩子相伴。

在小顺的记忆中，我相信关于老师和学校的记忆是温暖的。我很庆幸与他短短一个学期的相处中，我的想法和做法是对的，我维护了他的自尊，欣赏和鼓励了他的自强，在他的人生中留下了值得留念的一笔。在我们的教师生涯中，会遇到不幸而自弃的学生，也会遇到不幸但自强的学生。如何与这些学生相处呢？我想，首先，千万不要流露你的同情和可怜，这是他们最不需要的。出于本能我们会对遇到不幸的人表示同情，但生活的变故让这些孩子变得敏感，对一些事情会有独特的理解。同情和可怜或者加重他们的不幸感，让他们变得更自卑；或者增强他们的不公平感，使他们变得更怨恨；或者放大他们的懦弱感，让他们变得更依赖。这些对遭遇不幸的他们都是一种伤害，不利于他们变得坚强，自尊自爱，不利于他们健康成长；其次，要淡化他们感觉自己与别人不一样的心理。张爱玲曾写过一篇小文章《非走不可的弯路》，我常推荐给我的学生读，非常值得一看。

在青春的路口，曾经有那么一条小路若隐若现召唤着我。

母亲拦着我："孩子，那条路走不得。"

我不信。

母亲说："我就是从那条路上走过来的，你还有什么不信的？"

"既然你能从那条路上走过来，我为什么不能？"

"我不想让你走弯路。""但是我喜欢，而且我不怕。"

母亲心疼地看我好久，然后叹口气，"好吧，你这个倔强的孩子，那条路很难走，一路小心。"

上路后，我发现母亲没有骗我，那的确是条弯路。我碰壁，摔跟头，有时碰得头破血流。但我不停地走，走，终于走了过来。坐下来休息的时候，我看见一个朋友，自然很年轻，正站在我当年的路口，我忍不住喊："那条路走不得。"

她不信。"我母亲就是从那条路上走过来的，我也是。"

"既然你们就是从那条路上走过来了，我为什么不能？"

"我不想让你走同样的弯路。""但是我喜欢。"

我看了看她，看了看自己，然后笑了："一路小心。"

我很感激她，她让我发现自己不再年轻，已经开始扮演"过来人"的角色，同时患有"过来人"常患的"拦路癖"。

在人生的路上，有一条路每个人非走不可，那就是年轻时的弯路，不碰壁，不摔跟头，不碰个头破血流，怎能炼出钢筋铁骨，怎能长大呢？

我们要向这些孩子传递的信息是：谁的一生都会遇到或大或小的变故，不可能一帆风顺。关键是你怎么看所遇到的一切，是把它看成不幸和灾难还是经历和财富。甚至走一些弯路也很正常，有些弯路是人生非走不可的弯路。不逃避，不退让，笑对遇到的一切是我们该有的人生态度。当然，这些孩子更渴望被关心和帮助，需要我们的帮助和指导，但要不经意间而非刻意地，不要让他们觉得自己是需要照顾的弱者，更不能让他们觉得自己被别人同情。尽教育者的力量给这些孩子做人做事的方法指点，让他们体验到温暖和真情，体验到人世的美好，并从中汲取自身成长的力量，生长给予别人温暖的力量。把他们和其他学生一样来对待，稍微多一点关注就好了。只有这样才能激发这些孩子自身的成长力量，让他们有积极的心态和行动，有能力比其他学生更早更好地处理遇到的一切。如果说学生是脚，那么教育就是鞋，教师就是要用心、尽心地创造条件让孩子学会如何找到适合自己的脚的那双鞋。

老大我不当了

小炮个子偏矮，长得精干。他人虽然长得小，但说话很霸气，口头禅是：“我弄死你。”人也很有气势，据他的小学同学说他在小学就是小霸王，同学都听他的，也怕他。在新生夏令营时我就注意到他的与众不同，来到陌生环境，大多数学生都怀着不安，慎言谨行的。可他却一点也不，走路大摇大摆，说话肆无忌惮，一副熟门熟路，不把谁放在眼里的样子。显得痞气十足，桀骜不驯，一看就不是个省心的学生。果然，上课插嘴，下课打闹是常事，开学没多久的一个周五早上，迎面看到小澳一手拿着一本英语书，一手拎着拖把往教室走。这是个总一脸严肃，做事很认真的可爱孩子。他会又快又好地完成早上打扫任务，然后就抓紧早上时间读书。于是我随口问了一句：“拖地的时候还看书呀？”“不是我的，这是小炮的。”“哦，他的英语书怎么你拿着？”“是一个别的班的学生让我给他的。”我要过来看看，发现书里夹着一本作业本，明显是家作本，难道小炮让别人帮他做作业？这几天放学时总看到别班的学生到我班后门转，难道都是来找他的。据班级里小炮的小学同学说：小学时他就是这样，别人帮他做作业，他帮别人摆平麻烦。看来要找他谈谈了。过了一会小炮来了，我领着他往办公室走，他似乎知道我要找他谈作业本问题，一副大义凛然样，雄赳赳地越走越快，居然几步就走到我前面去了，不像其他学生被老师叫去办公室总是低着头跟在老师后面。用学生们的话说，小炮这叫“霸气”。我立即用玩笑地语气说：“小炮，你真牛，领着老师向办公室走去。”他不好意思地笑笑，慢下脚步，走到了我的后面。来到办公室门口，他还停下来说了一声“报告”，得到我的允许才走了进来。还蛮有礼貌的。坐下来后，我笑着对他说：“李老师今天找你来是想向你学习的。”他感觉很意外地问：“学我什么？”我接着说：“你知道吗，李老师好想过你那样的日子，作业有人帮着做，书包有人帮着拿，不用多说什么，就有人帮你做这做那，我真的很羡慕你。要是我也能这样，什么事都不需要我多说就有人给我做好就好了。你能不能告诉我，你是怎么做到让人家主动又心甘情愿地帮你做事的？”他又是不好意思地笑笑地说：“我也没做什么，是他们自己愿意嘛。”“呀，你没做什么他们就这样对你好，难道是你自身魅力太大了？”我故作惊讶地问。我很真诚地样子对他说：“别那么小气嘛，有什么经验也和李老师分享一下嘛，我可是诚心向你取经的。”他听了，笑笑，挠挠头，想了一会说：“就是严格嘛。”我心里暗笑，毕竟是孩子，在我步步追问，真诚讨教下，他自觉地开始考虑我可能想要的答案了。这下他进入我的掌控了。“严格，什么意思？为什么要严格呀？你是怎么严格的？”“因为有时候自己管不住自己，要别人严格一下就能管住自己了。”“哦，那就是说，别人对你严格是帮你。那我对你够不够严格？”他想了想说：“不是太严格。”“那你觉得我在哪些方面要对你严格点？”“比如说我上课会插嘴。”“哦，那怎样严格要求你呢？”“你就罚我抄书或者跑步或者做什么体力活好了。”“哦，那就罚你抄书吧。”“还有要对你严格的地方吗？”“嗯，还有就是我午休和自习课会讲话。”“哦，那怎么严格要求你呢？”“不知道。”“那午休和自习课的时候你就坐到最后位置上，一个人就不会讲话了，行吧。”“好的。”“那还有要严格要求你的地方吗？”“还有就是下课我总会乱跑。”“哦，那怎么严格要求你呢？”“这我也不知道。”“哦，那就我抽查，如果看到你课间乱跑就罚你抄书，这一段时间课间除了上厕所，其他时候你都坐在位置上吧。”“好的。”“还有什么方面要严格的吗？”“好像没有了。”整个过程小炮都是很认真地在想、在说，而我则是一直面带笑容。最后我说：“很高兴你对严格要求有正确的认识，知道老师严格要求是帮你，为你好。希望你是个男子汉，今天我们说的你要做到。”小炮高兴地离开了。事后，小炮回过味来，对其他学生说：“李老师找你谈话要小心，特别是李老师笑，那绝对是笑里藏刀呀。我算是栽在她手里了。”几次较量之后，小炮对班级男生宣布：“我以后不当老大了，现在我们的老大是李老师，大家记住了。”

小炮的语言和行为具有明显的社会味道，他的独特表现与他的成长经历肯定有关，教育好小炮是个挑战。我决定首先了解小炮的成长经历。见到他的家长我很意外，看上去只是个比小炮大不了几岁的小姑娘。交谈后才知道 4 年前小炮的父母离异，很快各自组建了新的家庭，但对他和他姐姐不闻不问，只比他大 4 岁的姐姐 16 岁时就不得不辍学，一边工作一边照顾弟弟，这对于自己还是一个孩子的姐姐来说真的很不容易。但小炮生性顽皮，贪玩。小学时，几乎每个星期都会被喊家长到校，姐姐常和他一起被老师骂，老师甚至当着姐姐的面打他。因此，小炮对老师很没好感，在他小学五六年级的时候会经常带刀到学校，手上戴一个有尖刺的戒指，扬言要杀了那老师，把姐姐吓得要命。更让他姐姐生气的是，小炮经常晚上在外面玩到十一二点，估计姐姐快下班了才回家，也不知道到哪里玩，玩了什么，问了也不说，衣袋里还常多出不少钱。姐姐拿他没有办法，非常担心小炮会走上歪路。原来小炮的社会味道是这样来的。我们可以想象，对小小年纪的小炮而言，姐姐不在家时的孤单和冷清是多么难以忍受，所以他会出去找伙伴和朋友，也很正常。他出去的重点不在到哪里，玩什么，所以姐姐问他这些问题时他不屑于回答，或者根本也不知道怎么回答。让我感到高兴的是，经过一个月的观察，我发现小炮最大的优点是只要他答应的事就会很负责地做好，与人交往中讲义气、不计较，爱讲理并且只服理。这些充满男子汉气的特质让他短时间内在同学中就有了很高的人气，身边很快就有了几个跟随者。这种领袖的感觉是学校吸引小炮的地方，加上他头脑聪明，目前的学习对他来说也不是很困难的事，所以，我知道小炮不是轻易会走上歪路的人。

小炮是介于社会与学校中间的人，增强小炮对学校和老师的认同感是避免他过早进入社会的关键。我在与小炮交流时注意保持价值中立，从不以高高在上的教师身份给予他教育和指导，从不将自己的观点强加给他，而是做到耐心倾听他的倾诉，真诚理解他的感受，陪伴他与他共同处理问题，并表示我相信他具有自我教育能力。这样很好地避免了让他感到难堪、失望或者愤怒，也没出现他为自己的不恰当行为进行辩解，甚至做出更为过激的事情来掩盖自己的愤怒或者不服气的现象。以价值中立的方式引导小炮进行自我教育，在这样的过程中，小炮感受到的是我的真情关怀，热心帮助，对我的教育是心服口服。例如，我心里认为小炮的父母是如此不负责任，将他甩给也是孩子的姐姐照顾，而他们却各寻新欢，开始新的生活。我不赞同他们对小炮姐弟的做法。一次，他姐姐告诉我，小炮一点也不怨恨父母，而且非常喜欢他们，听后我庆幸自己在小炮面前没有否定或评价他的父母。虽然我不理解小炮对父母的想法，但我要尊重他的想法。这年寒假我到云南旅游，在这个有着 54 个不同民族的省份，看了、听了不少少数民族的名俗风情，我突然就不困惑小炮对父母的态度了。不少少数民族有男不婚女不嫁，男女背着娃娃谈恋爱的婚恋习俗，他们的家庭观念和我们汉族人不同，相对来讲家庭成员的关系也不似汉族人那样看重。看似不可理解，但仔细想想，他们比汉族人更遵从自己的内心，当你喜欢时就去爱他（她），不喜欢时，就说再见，潇洒放下，去寻另一分爱。这爱只是爱，不和其他的东西纠缠，所以，这爱更纯更真。这样的爱只让人感谢和感到美好，所以爱离开时不会气愤，只有些许的不舍，也会有更大的期望和信心去寻找新的爱。这样的爱情理念，被世世代代传递，所以，孩子会认为父母去寻找新的爱是应理解和接受的，他尊重父母寻爱的权力。小炮是布依族人，他对父母的爱同样不会因为父母的离开而减少。

小炮经常会有这样那样的问题出现，但许多时候我并不是小炮经历的事件的亲历者，在了解事情的过程中我常进行开放式的提问，例如：我会问他为什么老师叫你读课文时你变得那么紧张呢？你今天情绪低落的样子，是遇到什么事情了吗？你今天的数学作业没有交，能告诉老师是什么原因吗？我听同学说了你昨天的那件事情，你是怎么看这件事的？对班级里的那件事，你的感受是什么，等等。开放式提问让小炮感到放松，这种提问给他一种受到关心和被公平对待的感觉，他感觉我希望他充分表达自己的想法。运用开放式提问，让我掌握准确信息，减少处理问题的失误，将事情处理得让小炮信服，我们之间建立起和谐温情的师生关系。

一个学期过去了，小炮虽然还有不少坏毛病，但也改变了很多。在他的成长手册上我看到他写的一段话：在翠竹中学的这一学期，我学到了很多，学会做人做事。更可贵的是我还碰到了一个负责任的老师——李红霞。她是我的班主任，她很会关心人，她经常鼓励我。是她让我学会了知错就改，做人要诚实。现在我发现自己已经和翠竹的人合二为一了。是翠中让我从一个无知的男孩变成了一个顶天立地的汉子，我渐渐爱上翠中了！

她叫咆哮女

小雯很有名气，知道她叫什么名字的老师少，但知道她的别名“咆哮女”的老师就多了。事情要从学期将结束的前两天（学生已经放假了）说起：小雯作为小学毕业生，打算在没有作业的假期发展一下自己的兴趣爱好，准备寻找并参加一个羽毛球兴趣班。她来到我校门卫处，发现有招收羽毛球学员的广告，非常高兴，就要进来报名。门卫拦住她，问清情况，然后告诉她我校只招初中学生，她不是初中生不可以报名。无论门卫如何劝阻，她坚持要报名，而且情绪越来越激动，声音越来越高，火气越来越大，并开始责骂门卫，门卫只好打电话给教导处说明情况。到了教导处，负责此活动的老师解释说她确实不符合报名条件，没想到听了这话小雯似乎气到了极点，大骂这是什么狗屁条件，定这个广告的老师是猪头等，气愤地责问：小学说我不是小学生，中学又说我不是初中生，那我是什么学生？并发了疯似的将几张桌上的东西全都扔到地上，拿起办公室里的粉笔在门上、墙上乱写乱画。她那尖厉的喊叫声几乎传遍整个校园，引来不少的老师。然而只要有人开口劝她就会被她骂，没有说话的老师也被她骂。她骂的那些话既奇怪又气人，而且语速奇快，语调尖细。小雯变得有些歇斯底里。问她家长的联系号码说不知道，问她小学班主任的电话不说。在无法联系到她家人的情况下，学校只好报警，看到警察她威胁说要跳楼。总之小雯制造了一片混乱，也让大家见识了她那骇人的失控状态。事情最后总算解决了，从她小学班主任那里了解到她经常会这样，而且发作没有规律，事先没有征兆，谁拿她都没办法，让老师们感到麻烦的是小雯对口的初中学校就是我们学校。后来在假期的新生夏令营中她又闹了一番，小雯因此出了名，有了咆哮女的别名。小雯的表现，担任她的班主任和任课老师是很有心理压力的，如何与她相处，怎样避免她的发作，她如果发作怎样处理等，这些成为大家不得不考虑的事情。

知道我将担任小雯的班主任后，我首先做的事情就是和她的父母面谈一下，了解她的家庭教育情况。在学校的联系下，开学前我和小雯的父母在校长室见面了。小雯的父母都是名牌大学毕业生，都有体面和收入不错的工作，在女儿的教育上两人持完全相反的观点，并因此离了婚。小雯的妈妈认为女儿的所作所为都是事出有因，可以理解，没什么问题，但也承认女儿越来越难教育了。小雯爸爸认为小雯存在严重的性格缺陷，她妈妈的教育和观念是完全不对的，女儿必须要改变，否则会有很严重的后果。两人都认可学校对自己孩子的教育是重视的，并表示感谢，承诺愿意配合学校和老师的教育，并一定尽力做好。小雯的妈妈还说小雯对自己两次的闹事感到后悔，也不满意自己在小学同学和老师心目中的形象。于是，我提出要求，让他们和小雯好好谈谈，对她的初中学习和表现提出家长的要求和期望，并告诉孩子进入初中，一切都是新的开始，在老师和同学面前要塑造自己好的形象，并相信她一定会做好的。

开学后我很关注小雯的表现，明显感到她在努力控制自己的情绪，看来她父母很认真地准备了与小雯的谈话，小雯想改变自我形象的内在动机调动起来了，表现的和其他同学一样，不引起老师和同学的特别注意是她首要的目标。例如有一次她的历史作业落在家里，她借我的电话让她妈妈送来，可是她妈妈没有找到她的作业，无法送来，电话中她对妈妈破口大骂，粗暴地挂断电话，然后仍不解气，继续自言自语式地骂她妈妈，不肯进教室上课，在门卫处站了一堂课，然后冲出校门，很快回来，继续站在教室外自言自语地骂了很多人。期间又进出教室多次，对任何老师的询问都不理不睬。事后小雯妈妈主动打电话来询问情况，对小雯的表现感到忧虑的同时也有一丝安慰，因为如果在以前小雯一定会闹得班级无法上课，可这次她只是影响了自己而已，从某种程度上来讲她还是有所改进，这也说明我前面的工作还是初见成效的。

为了进一步转变小雯，我对小雯的关注没有松懈。小雯独特的思维和独特的处事方式让我印象深刻。一次，中午班级借书，班长来办公室找我，说图书馆老师让我去一趟，小雯又有事了。我带着不安的心情到了图书馆，大致了解一下事情的经过。原来小雯要带自己的包进图书馆，老师说不可以。小雯说："别的图书馆都可以带吃进去的。"老师说："我们这不允许。"小雯于是又激动起来，大吼大叫道："人家常州图书馆还可以带包的。"老师又说："如果是那样，那也是不合适，应该不被允许的。"小雯又说："反正我不管，我可以在这里等，等其他人借完书我再借，我可以等 20 分钟，但这 20 分钟是你浪费我做数学课作的时间，你要负责。"图书馆负责老师对她早有耳闻，一方面知道她自控力差，又担心因为天下雨影响了小雯的情绪，她要是发作起来还真难办，于是叫班长找我去。我问小雯为什么要带包借书。小雯回答："我要挡雨的，来的时候在走廊会淋到雨。我没说多少话，这个老师我说一句她回我很多句。我始终用现在的语调说话的，没有大声说什么呀。是老师没道理。"我说："你语调再低也是你没理。你应该按要求来做事。知道吗？"小雯听了激动地说："反正是老师没理。聋哑学校的老师才没这么多话呢。"我问："这和聋哑学校老师有什么关系？我们这又不是聋哑学校。"小雯气愤地说："你歧视聋哑人吗？"我制止道："你不要转移话题，我们现在说的是你不可以带包进入图书馆的事。"小雯于是说："我不管，反正我就是要等其他人借好了我再借。"看来也没什么好说的了，和她真没办法沟通，图书馆的老师怕说下去小雯要激动起来又发作，所以我们决定不和她说什么，让她冷静一下。按以往情况来看，现在最好的方法就是不和她多说什么，越说她会越起劲，不理她反而一会儿就没事了。果然过了一会，小雯出现在班级了，像什么事也没发生。回想几天前，小雯哭着向我借电话，告诉她妈妈说班里有一个男生乱摸她，她要转学。

我问事情经过，原来是该男生和一女生开玩笑打闹，小雯看了就靠近那个男生，小雯用手指比划了一下两人的距离，告诉我大约5厘米左右，男生于是本能地将小雯推开，不巧碰到小雯的胸，于是小雯就认为这个男生乱摸她。我问小雯为什么要介入这事，她激动地说："我班的女生都是我的好朋友，好朋友之间不是应该互相帮助吗？他欺负女生我当然要管。""可人家是在闹着玩，并不是欺负人呀。""我认为那是欺负人，我就要管。你以为我愿意管呀。我告诉你们，我也就是能活到40左右，我妈妈最多再活个20、30年，你们算算我能陪我妈妈多少时间。我不想让我妈妈开开心心呀？我想惹事呀？你们也想想呀。"小雯说得声泪俱下——真是一个思维独特的女孩子啊。

教育专家王晓春老师在《今天怎样做教师：点评100个教育案例（中学）》中说："教师要能准确区别心理问题和品德问题、纪律问题，如果不能则常常是费力没效果，弄不好还会好心办坏事。例如，上课讲话，学生都知道是不对的，但他还是这样做了，这就很可能是心理问题而不是纪律问题。学生知道去网吧不对，但他还是找借口骗老师和家长去网吧，这往往也是心理问题而不是品德问题。心理问题没有是非对错之分，而纪律问题和品德问题则很容易区分对错和是非。这两个问题重点是关注问题，要解决这两个问题首先要学生清楚对错，然后是怎样做。心理问题关注的是人，心理问题解决首先要听他倾诉，然后是协商，最后是怎样做。将问题的性质区分清楚，才能对症下药，才能有效解决问题，最起码不会衍生出新的问题。"小雯的表现显然是心理问题，可一直以来与小雯生活在一起的妈妈从不认为孩子心理有问题，老师知道小雯是心理问题，但苦于缺乏应对的心理知识和技能。据小雯的妈妈说，这孩子有一个优点，就是爱看书，不像别的孩子喜欢玩。她从小就这样，而且特别喜欢看文学类的书。要看的书如果不给买她就会发脾气。确实如此，我清晰记得小雯问我的第一件事情："老师，学校的图书馆在哪里？什么时候可以借书？每次可以借几本呀？"孩子在成长过程中，都有一个对外界充满好奇、渴望了解的一个阶段，所以我们会发现孩子有一个时期特别喜欢到外面去玩，在家里待不住。小雯的这个时期不是身临其境，用听觉、视觉、感觉、触觉等真实地去了解身边的环境，而是通过读书这个方式。她带着书中描述的世界去认识世界，当发现身边的世界与书中描写的不一样时，她得到的答复常常是“你说的不对”这个本来就是这样的，有什么好奇怪的呀“你这孩子真有意思”。上了小学，她得到的答复就常常是“你的想法真是奇怪”，还有同伴的取笑，老师的批评。不巧的是：小雯是个有想法并且固执的孩子，她不轻易接受别人的说法。可自己又无法解决疑问，于是又回到书中去寻找答案，可书本没有给她答案，反而让她有更多的疑问，头脑更加混乱。所以小雯平时说话书面化，思维跳跃无逻辑，给人感觉怪怪的，好像无法正常与之交流。她也逐渐被当成另类来看。而小雯也同样觉得周围的人不可理喻，思想和观念的时刻冲突，强烈的情绪反应就是她的反抗。美国心理学家艾里克森研究说，良好人格发展有八个阶段，每个阶段都有对立的品质和发展任务，任何一个阶段的发展任务没有完成，都可能带来终生的影响。小雯的问题出现在第一个发展阶段婴儿前期（0~2岁），这一阶段的主要发展任务是获得信任感，克服怀疑感。目前小雯需要的是有人听她倾诉，让她体验到被信任、被接纳、不被疑问和否定。她需要有人和她协商该怎么做。于是，平时与小雯说话时，无论她说什么，说多久，我都表现得很耐心，很愿意听她说的样子，然后总会说：“情况我了解了，我觉得你说得有一定道理，你听听我说得是不是也有点道理呀。我们一起讨论讨论这事怎么处理会更好。”并建议她父母也这样与她交谈，还告诉班里的同学，要理解小雯，她也不希望自己是这样的，她也感到痛苦，希望改变，我们一起来帮助她，宽容和接纳她。当然，对小雯的教导和约束也一定是有的，但我会让她觉得这种教导和约束不是针对她一个人的，其他同学发生类似的情况我也会这样做。我还会让她觉得“我指出的是你不好的、不被接受的行为，而不是你这个人。我不喜欢你这种行为，但是我是喜欢你这个人的”。这使小雯懂得，不好的行为并不意味着做这件事的人就是“坏人”。我的目的是纠正和引导她的幼稚和无知，让她变得更加可爱和优秀，而不是仅仅为了教训或惩罚。我还常常公开或个别表扬和肯定她的进步，我的真诚，父母的改变，同学们对她的接纳和帮助，使小雯像换了一个人似的。一年下来，她情绪越来越稳定，自控力不断增强，慢慢学会了与同学和谐相处，渐渐融入班集体中，逐步走上了成长的正常轨道。小雯的父母对她的进步感到意外和高兴，多次对我说："谢谢您李老师，遇到您是小雯和我们的幸运。"

后　记

走进孩子中间

携着孩子从阳光下走过。我是孩子渊博的师长，孩子是我膜拜的圣人。过了天命之年的我，总感觉到走进孩子的快乐！孩子是自己走过的渐渐忘却又不能忘却的童年。孩子是天使，她让步入老年的人享受天伦之乐；孩子是未来，她让中年人感受责任；孩子是护肤霜，她让世界的面孔变得娇美；孩子是镜子，她折射人间的世态炎凉。

无论工作多么繁忙，我喜欢走进课堂，和孩子在一起，去聆听自然的声音，去阅读深厚的作品，去品味生活的滋味，去感受人生的经历，去领略生命的真谛。

不管我是否愿意，总觉得和孩子在一起，便充满生命的活力。我会忘记岁月的尖刀在我额头刻下的痕迹，我会留恋那段无邪的岁月，我会浮现那浪漫而幼稚的画卷。

有人这样描述：孩子的面孔是最耐人寻味的诗歌，孩子的眼睛是最清澈的小溪，孩子的声音是人间最美丽的音乐，孩子的梦幻是天上最绚丽的彩虹。走进这活泼而充满诗意的世界，怎能不让自己的心灵变得年轻？

曾经有人说过：生命是花，孩子便是那花中的蕊；生命如歌，孩子便是那跳动的音符；生命似酒，孩子便是那发酵的酒酿。走进这充满希望和生命张力的世界，怎能不让自己的生命变得美丽？

走进孩子中间，让我童年未能实现的梦幻有了新的期待。我应该用一颗年轻的心让新的期待变成现实，让新生代的梦幻变成真实。

走进孩子中间，其实不只是我一个人的事，它作为教育人的责任……我要衷心感谢参加本书编写的梁增红、朱苏兰、路云和李红霞老师，他们都是来自一线的教师，讲述的是他们的实践经验和体会，他们为我们展现了一幅幅走进孩子世界的动人画卷，让我们感受到教育的真情和魅力。我更要感谢上海教科院的王洁博士，提供了让我们整理自己实践的机会，让我们在反思中形成经验和思想。

2013 年 7 月 23 日